Colección
Educación, crítica & debate

Director
Pablo Gentili

Diseño: Gerardo Miño
Composición: Eduardo Rosende

Edición: Primera. Noviembre de 2008

ISBN: 978-84-92613-03-8

Lugar de edición: Buenos Aires, Argentina

Cualquier forma de reproducción, distribución, comunicación pública o transformación de esta obra solo puede ser realizada con la autorización de sus titulares, salvo excepción prevista por la ley. Diríjase a CEDRO (Centro Español de Derechos Reprográficos, www.cedro.org) si necesita fotocopiar o escanear algún fragmento de esta obra.

© 2008, Miño y Dávila srl / © 2008, Pedro Miño

En Madrid: Miño y Dávila editores
Arroyo Fontarrón 113, 2º A
(28030)
tel-fax: (34) 91 751-1466
Madrid, España
En Buenos Aires: Miño y Dávila srl
Pje. José M. Giuffra 339
(C1064ADC)
tel-fax: (54 11) 4361-6743
Buenos Aires, Argentina
e-mail producción: produccion@minoydavila.com.ar
e-mail administración: info@minoydavila.com.ar
web: www.minoydavila.com.ar

Carmen Rodríguez Martínez

Educar a la ciudadanía

Un proyecto político

A Marina
para que sea libre, responsable y comprometida

Índice

Introducción 9

Capítulo I
El papel de la educación en la sociedad democrática 13
    Nuevos retos de la educación para la ciudadanía 13
    La educación como proyecto político de mejora
    de la sociedad 17

Capítulo II
Cuestiones básicas para afrontar
una educación para la ciudadanía 21
    La Libertad personal y social:
    autonomía y responsabilidad 22
        La difícil libertad en las relaciones de dominación 24
        Libertad positiva y negativa 26
        El equilibrio entre libertad e igualdad:
        la autonomía y la responsabilidad 27
    La Igualdad como principio regulador del Estado 28
        Condiciones máximas y mínimas de igualdad 30
        La igualdad natural frente a la igualdad formal 31
        La igualdad como reconocimiento de la diferencia
        y opuesta a la desigualdad 33
        Igualdad y libertad: necesarias y contradictorias 36
    Democracia: la constitución de ciudadanos y ciudadanas ... 38
        Tipos de democracia 40
        La democracia como liberación 45

Capítulo III
Educación para la igualdad y educación ciudadana 53
    La igualdad entre culturas, clases sociales y géneros 55
    El umbral mínimo de la educación para la ciudadanía 66

La igualdad para el desarrollo de la solidaridad............ 68
La libertad para el desarrollo de la autonomía 80
Enseñanza pública-enseñanza privada 88
La pedagogía de la democracia mínima 94

Capítulo IV
Quién tiene legitimidad para decidir en educación 99

Paidocentrismo: la educación en libertad........................ 100
La autorización de padres y madres............................... 102
El control del Estado... 104
La competencia profesional docente............................... 106

Conclusiones 111

La función política de la educación................................ 111
Presupuestos de una educación democrática 113
  a) Entender la democracia como liberación 113
  b) La articulación de las desigualdades de género, clase y culturales 114
La educación en igualdad y liberadora
para una sociedad democrática 115
  a) Educación para la justicia social 116
  b) Educación para la ciudadanía 118
  c) Educación para la pluralidad 120

Bibliografía 123

Introducción

Educar a la ciudadanía constituye un proyecto político de las sociedades democráticas que deben de tratar de compaginar los principios éticos de una educación en igualdad, para todos los ciudadanos y ciudadanas, con las posibilidades contingentes a la educación en cada sociedad. La igualdad, como aspiración ética de la racionalidad humana, exige en democracia acoplarse a un tiempo histórico-social y aterrizar en el campo de las posibilidades y de la realidad.

La sociedades democráticas además combinan la aspiración igualitaria con el principio que las identifica, la libertad, porque una sin la otra no pueden desarrollarse. La autonomía del ser individual necesita el desarrollo de la igualdad como garantía de que el individuo elige libremente y no condicionado por sus circunstancias. Y el desarrollo de la democracia necesita tener individuos libres, conscientes, responsables y comprometidos con su participación en la sociedad.

La igualdad es una aspiración, una idea moral, una proposición universal, una estrategia contra la desigualdad, un principio normativo que marca una dirección determinada a nuestros pasos. La democracia, sin embargo, no es sólo una aspiración, es un sistema político que ha sido teorizado tanto desde teorías sociológicas, ancladas en la realidad, como desde teorías normativas, ancladas en la ética. Muchas de estas teorías combinan sus prescripciones sobre mundos ideales con las posibilidades contingentes a una realidad ya creada: tratarían de comprender la realidad creativamente, como nos propone Hegel.

Cuando utilizamos la palabra democracia lo hacemos en referencia a significados no del todo coincidentes, porque es un concepto que ha cambiado y cambia según la realidad y el contexto en el que se encuentra y según quien lo utilice.

La constitución de los nuevos Estados democráticos decimonónicos reconocieron "que todos los ciudadanos son iguales ante la ley" con un significado contradictorio, a la vez universal y excluyente, que será sometido a lo largo del tiempo a una constante revisión. Las mujeres han necesitado tiempo, y no pocas reivindicaciones, para conseguir que los márgenes del concepto de igualdad se amplíen hasta llegar a incluirlas.

Actualmente, la escuela democrática debe volver a revisar los conceptos de igualdad y libertad de una forma más compleja, porque conseguido el acceso y la presencia de las mujeres y otros colectivos a la escuela, a la participación política y al mundo laboral, se ha comprobado que esto es insuficiente, ya que se sigue produciendo en desigualdad, bajo modelos de conocimiento y poder androcéntricos y elitistas, y es el momento de reclamar la presencia, visibilidad e igual valoración de todos los colectivos de mujeres y varones. Es misión de la escuela incluir los múltiples ejes de la desigualdad que se han reivindicado en los últimos tiempos; a las desigualdades de clase tradicionales se añaden las de etnia y colectivos culturales y, por supuesto, las desigualdades entre sexos. La dificultad estriba en cómo articulamos a los diferentes colectivos para incluir las diferencias y canalizarlas en un proyecto democrático. La escuela no puede seguir mostrándose neutral ante las diferencias que pondrían en cuestión una educación democrática. Por ello nos preguntamos a lo largo del texto: ¿Cuáles son los principios básicos para una educación democrática? ¿Cómo se articula la igualdad entre culturas, clases sociales y géneros? ¿Cuál es el umbral mínimo de una educación para la igualdad? ¿Quién tiene legitimidad para decidir en educación? Son algunas de las cuestiones a las que intentamos dar respuesta en este trabajo. No podemos seguir superponiendo y diferenciando los discursos sobre opresiones culturales, materiales y sexuales, con los discursos sobre opresiones en las relaciones de género, porque la injusticia social de género se manifiesta en la opresión cultural, la opresión política y la opresión económica.

Las mujeres, como colectivo, aunque diversas en relaciones, en ideología, clases sociales, etc…, tienen toda una serie de desigualdades que las unen y unos intereses compartidos que originan proyectos transformadores, como ha sido el feminismo. Actualmente las mujeres –no podemos olvidar la feminización de la pobreza–, siendo más del 50% de la población mundial, reciben un 10% de los ingresos, tienen menos del 1% de las riquezas de este planeta y ocupan menos del 1% de los puestos de decisión política. La desigualdad de las mujeres atraviesa todos los ámbitos y todas las esferas públicas y privadas. Siguen siendo el "otro" no reconocido ni valorado, una mayoría excluida que es necesario poner en primer lugar.

En la primera parte del trabajo que presentamos, planteamos cuáles son los presupuestos de partida acerca del papel que debe jugar la educación para una sociedad democrática. Cuáles son las relaciones entre la sociedad y la educación y qué relación podemos establecer entre el proyecto ético de una sociedad democrática y la función política de la escolarización obligatoria. Las democracias se construyen sobre el consenso de las élites, y estos pactos se caracterizan por la exclusión de parte de la población que no está representada por las mismas. Pero, a su vez, la ciudadanía y los propios gobiernos democráticos tienen la obligación de ampliar los márgenes para ser cada vez más inclusivas y poder asegurar un proyecto de vida en igualdad para todas y todos los ciudadanos.

Antes de introducirnos en qué sería realmente una educación democrática, que supone la parte central de este trabajo, vamos a situarnos ante conceptos básicos de la filosofía política que, a través del transcurso del tiempo y con las nuevas características de nuestras sociedades, recobran de nuevo su importancia y sus significados se amplían. Nos interesa buscar el significado de qué es la igualdad y, para ello, tenemos que recurrir a concepciones políticas de lo que ha representado a partir de la Revolución Francesa y de la Revolución Norteamericana. El significado de este término se desarrolla en relación a la libertad y en relación a la democracia. La libertad, como capacidad individual de actuar y de elegir, introduce el concepto de *pluralismo* y *consenso*. La igualdad, por su parte, introduce los términos *justicia* y *liberación* en su preocupación por los diferentes colectivos y porque todos ellos alcancen la libertad. Son conceptos contradictorios y a la vez necesarios, como defenderemos.

Estas definiciones son el sustrato ético e ideológico que nos ayuda a definir, en coherencia con nuestro pensamiento, lo que significa la educación y la función social y política que debe tener educar a la ciudadanía.

En segundo lugar, nos preguntamos acerca de las posibilidades que tiene la educación de conseguir una mejora de la sociedad. La educación ha sido objeto central de teorías que han querido transformar la sociedad y de gobiernos que la han visto como un instrumento para conseguir su objetivo. Probablemente, tras estos presupuestos, hayan magnificado el poder de la educación y hayan querido darle un sentido doctrinario, cuando una educación democrática debe formar a las jóvenes generaciones para que sean ellas las que decidan sobre su futuro.

La educación no puede transformar el mundo porque tendría un sentido tiránico y les negaría a las nuevas generaciones su propio papel de diseñadoras del mundo. Una educación de calidad debe proporcionar herramientas conceptuales a los sujetos para su autodeterminación, a la vez que les permita participar activa y responsablemente en su sociedad.

Los principios igualitarios nos llevan a establecer cómo puede la escuela plantear la igualdad entre culturas, clases sociales y géneros, y cuál sería el umbral mínimo de igualdad necesario para cumplir con su proyecto democrático. Los acuerdos a los que lleguemos en la esfera de la educación deben ser compartidos y fruto del consenso por aquellas personas que tienen legitimidad para decidir en educación: padres y madres, profesores y profesoras, alumnos y alumnas...

Finalmente, todo el trabajo nos lleva a plantearnos cuál es el tipo de educación que debe ofrecer un sistema democrático que suponga una liberación de los individuos y los grupos dominados por la lógica del poder.

Una sociedad democrática debe buscar el desarrollo de la igualdad y de la libertad, en las esferas pública y privada, para todos sus ciudadanos y ciudadanas. Educar a la ciudadanía debe servir para desarrollar la solidaridad y la autonomía, que nos van a permitir convivir y participar colectivamente en una sociedad democrática sin exclusiones.

Capítulo I

El papel de la educación en la sociedad democrática

Nuevos retos de la educación para la ciudadanía

La política en las sociedades democráticas requieren de la participación de ciudadanos y ciudadanas en la vida política, y la educación es la vía que hace posible una participación consciente e ilustrada. Las relaciones entre política y educación muestran, por tanto, unos vínculos patentes. Esto es así de tal forma que, cuando las sociedades democráticas han excluido de la participación política a las mujeres, también las han excluido de la educación, o han planteado para ellas una educación diferente[1].

La legitimación del poder del Estado sobre la sociedad es lo que diferencia a unas teorías políticas de otras. En una sociedad democrática la legitimación del poder, del Estado, viene dada por el libre consentimiento de los hombres y mujeres de esa sociedad.

En estas sociedades democráticas el Estado legitima su poder sobre la sociedad civil de dos formas:

1. Preservando los derechos de los individuos, con lo cual los derechos quedarán definidos en un sentido negativo: poder hacer todo aquello que no perjudique a los demás (libertad negativa, democracia formal, derechos civiles).
2. Interviniendo en la sociedad civil para igualar a sus miembros, y que éstos alcancen unos mínimos que les permitan desarrollar un plan de vida o un ejercicio de su libertad en un sentido positivo (libertad positiva, democracia radical, derechos políticos y sociales).

En este ejercicio de poder y de ciudadanía se plantea una *primera tensión* entre dos conceptos claves para entender la democracia: la libertad

---

1. Hasta el siglo XVIII una educación de "adorno", y después, en los siglos XIX y XX, una educación de "utilidad doméstica" (Ballarín, 1993).

y la igualdad, que en nuestras sociedades occidentales son dos conceptos complementarios, pero –como veremos– no equilibrados.

La democracia, además, combina la igualdad con la libertad, porque una sin la otra no pueden desarrollarse. La autonomía del ser individual necesita el desarrollo de la igualdad como garantía de que el individuo elige libremente y no restringido por sus circunstancias. La democracia necesita la libertad para tener individuos conscientes y responsables comprometidos con su participación en la sociedad. Veamos esto con un poco de detenimiento.

El problema fundamental en la intervención del Estado es que el poder siempre se ejerce a través de pactos y normalmente está representado por determinados colectivos (élites). Hay una serie de principios que se fraguan colectivamente y que constituyen los valores éticos en los que se asienta la democracia. Pero, además, las élites tienden a intervenir en su propio beneficio. Y es la propia sociedad civil articulada, y con una participación más directa, la que debe reivindicar derechos en sentido positivo. Aquí se plantea una *segunda tensión* de las democracias, que sería la representación (democracia representativa o formal) frente a la participación (democracia participativa)[2].

Todos estos derechos y deberes de participación y decisión sobre la vida colectiva, en las sociedades democráticas, implican a la educación no sólo como un derecho de este tipo de sociedades, sino como una fórmula de acceso para participar en las mismas.

Desde el nacimiento del Estado democrático se necesitan ciudadanos (no ciudadanas) que estén formados para participar en esa democracia y ejercer su soberanía de forma representativa y, más aún, de forma participativa. Las podríamos denominar democracias excluyentes, por la exclusión que realizan del género femenino, la mitad de la humanidad. Por un lado, el Estado necesita de un sistema educativo que forme a estos nuevos ciudadanos para que puedan ejercer su libertad y su autonomía. Los sistemas nacionales de educación se justifican como un medio para conseguir el desarrollo de la libertad de los varones.

Por otro, en la incipiente sociedad industrial se plantea como necesidad la cualificación de los empleados, que encargarán a los sistemas públicos nacionales. No podemos olvidar que servirán a la burguesía en la defensa de sus intereses (Gómez Llorente, 2000).

Por tanto, los sistemas nacionales son consecuencia de un modelo de Estado que quiere personas (varones en este caso) formadas para su inserción

---

2. La pérdida de derechos sociales igualitarios, tan en boga hoy día con la reducción de los Estados de Bienestar, a favor de derechos individuales, convierte a las democracias en Estados protectores del individuo vaciando de contenido aquello que hay que administrar y mermando las posibilidades de participación de la sociedad, a través de la comunidad política, en la búsqueda del bienestar común. La pérdida de unos intereses sociales comunes nos convierte en individuos frente al Estado y frente a la propia sociedad.

en la sociedad como ciudadanos, y para su inserción en el mercado de trabajo de forma cualificada (Pérez Gómez, 1997; Fernández Enguita, 1990). Estas son las funciones que justifican el nacimiento de los sistemas nacionales de educación y dos de los deberes más importantes que siguen cumpliendo los sistemas educativos en la actualidad. Una tercera función (apuntada por Pérez Gómez, 1997) es la función política, y en ella, como término privilegiado de la izquierda, nos vuelve el concepto de igualdad.

La igualdad es una aspiración, una idea moral, una proposición universal, una estrategia contra la desigualdad, un principio normativo que marca una dirección determinada a nuestros pasos. La democracia, sin embargo, no es sólo una aspiración, es un sistema político que ha sido teorizado, tanto desde teorías sociológicas, ancladas en la realidad, como desde teorías normativas, ancladas en la ética.

Cuando utilizamos la palabra democracia lo hacemos en referencia a significados no del todo coincidentes, porque es un concepto que ha cambiado y cambia según la realidad y el contexto en el que se encuentra, y según quien lo utiliza.

La democracia es un sistema de gobierno que, como hemos defendido, se replantea en cada época cuáles son sus necesidades de igualdad y libertad. Supone prácticas y principios que se producen en un contexto determinado y que carecen del universalismo del concepto de igualdad.

En nuestros días, la separación entre comunidad política y sociedad civil es consustancial a la organización política en los gobiernos democráticos, con la consecuente diferenciación entre Estado, Gobierno y Sociedad[3]. A partir del siglo XIX, con la democracia moderna, se caracteriza al Estado por una estructura institucional y administrativa pública que es percibida como una realidad diferenciada de los individuos "privados" que forman la sociedad (Gonzalo y Requejo, 1998). Por ello cuando hablamos de democracia nos estamos refiriendo a las relaciones del Estado y la sociedad y no a los deberes en relación a la comunidad[4].

Las democracias actuales obtienen parte de su legitimidad moral en principios igualitarios que les llevan a programas igualitarios, a través de este entramado institucional y administrativo que constituye el Estado, que crean sobre sus miembros toda una serie de expectativas que son planteadas como derechos: políticas de apoyo social, Estado previsor... (Valcárcel, 1994).

---

3. Al explicar más adelante el concepto de democracia veremos estos conceptos diferenciados.

4. Autoras como Adela Cortina (1998) plantean que actualmente se está sustituyendo el Estado por la sociedad civil como forma de plantear soluciones a los nuevos tiempos. Aunque es cierto que las nuevas formas democráticas requieren una articulación de la sociedad civil, también se puede realizar a través de las instituciones.

Dentro de estas expectativas igualitarias, la función política de la escuela, como servicio público obligatorio y gratuito para todos los ciudadanos/as hasta una determinada edad, es compensar las deficiencias de los procesos espontáneos de socialización e intentar paliar los efectos de las desigualdades económicas que el mercado produce en los diferentes grupos sociales (Pérez Gómez, 1997). También debe procurar compensar los efectos de exclusión que se originan en sociedades cada vez más diversas y con relaciones de dominación ya conocidas (como el sexismo, nacionalismo...) y otras nuevas (como enfermos de Sida, nuevos movimientos migratorios, etc.).

Uno de los principales grupos excluidos de la ciudadanía y, como consecuencia, por la propia escuela pública, en sus inicios, fueron las mujeres, a las cuales no se les permitió ni siquiera el acceso a la educación. No hay que olvidar que la inclusión de las mujeres en el sistema educativo es consecuencia de reclamaciones que los grupos feministas hicieron a lo largo de dos siglos y de coyunturas históricas (después de la segunda guerra mundial) en las que habían demostrado sus capacidades para trabajar de la misma forma que los varones. Pero aun cuando consiguen el acceso al sistema de enseñanza, éste les plantea un modelo educativo que debe servir a las funciones de madre y esposa. Al no ser reconocidas como ciudadanas, su acceso al sistema educativo se realiza de una forma desigual.

En España, en concreto, los objetivos del movimiento feminista surgen de demandas sociales antes que políticas para conseguir una mejor condición social de las mujeres. El feminismo de principio de siglo, encabezado por Concepción Arenal y Emilia Pardo Bazán, no es un feminismo sufragista, como el desarrollado en el resto de Europa y Norteamérica[5], sino que sus demandas principales son la igualdad en la educación y en el trabajo como instrumentos para conseguir la libertad de las mujeres (Martín Gamero, 1975). Este feminismo social vio en la educación una importante arma para la liberación de las mujeres, por lo que reivindicaron el acceso de las mismas a todos los grados de educación y unos modelos educativos que rompieran la educación segregada y diferente que se impartía a chicos y chicas[6].

Aunque la educación obligatoria de las niñas se instauró en España con la ley Moyano (1857) (Ballarin, 2000), esto no significa un acceso en igualdad de condiciones. Los modelos educativos diferenciadores, la imposibilidad de acceder a estudios superiores y la falta de acceso real a la educación para una gran mayoría convierten la educación en una causa de los feminismos sociales y políticos.

---

5. La preocupación por la instrucción de las mujeres ha sido uno de los grandes ejes del movimiento feminista desde sus inicios (Martínez López, 1999:277).
6. En España las escuelas mixtas se crean por Real Decreto en 1909, y hasta la época franquista se irán alternando con la escuela segregada en función de la sucesión en el poder de periodos liberales o conservadores (Ballarín, 2000).

La escuela de hoy, en sociedades más plurales, responde a unos intereses más amplios. Para Gimeno Sacristán (2001), en estos días la escuela tiene una función más trascendente y que implica nuevos retos, como constructora de una nueva cultura democrática en la que se debe formar a chicos y chicas como ciudadanos y ciudadanas capaces de responsabilizarse y disfrutar de la libertad. Una educación que garantice la corresponsabilidad entre mujeres y varones, y un igual reconocimiento en las esferas públicas y privadas que nos conduzca hacia una sociedad paritaria.

La existencia en nuestra sociedad de una educación obligatoria significa una intervención directa del Estado, justificada por la formación igualitaria de niños y niñas como futuras personas libres. Las escuelas se convierten en lugar de intervención del Estado en nombre de la libertad y la formación de ciudadanos y ciudadanas.

La educación como proyecto político de mejora de la sociedad

Uno de los proyectos políticos que han legitimado nuestras democracias, ha sido el derecho a la educación como un bien universal. La educación se convierte en derecho y obligación a través de los sistemas educativos nacionales.

Sin embargo, una vez que se ha consolidado el derecho a la educación, ésta ya no es vista como un bien para el progreso y la promoción social, ni tan siquiera como una oportunidad para mejorar la vida de los ciudadanos, sino como algo cotidiano a lo que responsabilizamos e incluso culpamos de parte de las deficiencias de nuestra sociedades, y por ello la población se muestra cada vez más remisa ante la misma.

En la década de los '60 se la culpaba del pobre desarrollo tecnológico de algunos Estados, pero aún se confiaba en sus logros. Actualmente, la población no estima la promoción social que pueda lograr la educación, pero sí se le achacan por omisión todos los males de nuestra sociedad[7].

Desde discursos críticos se ha puesto en cuestión cómo cumple la escuela esta expectativa igualitaria, concluyendo que servía a la reproducción del orden social. Se destaca sobre todo la perpetuación de la distribución de los ingresos, del trabajo o incluso de la inteligencia y no se destaca si mejora la vida personal y política de los ciudadanos. Además, no se considera que la educación en nuestras sociedades está también presente en otras institu-

---

7. Esto esta conduciendo, por ejemplo, a un movimiento de desescolarización en los Estados Unidos, donde las familias prefieren educar a sus hijos ellas mismas en sustitución a las instituciones escolares (Guttman, 2001). Quizás a ello hayan contribuido las críticas sobre las desigualdades que produce el sistema educativo (Goodman, 2001) y que no han beneficiado la imagen de la escuela.

ciones, que le aportan valor (como las bibliotecas) o le restan valor (como la televisión) (Guttman, 2001).

Quizás se le haya exigido mucho a la institución escolar, cuando podemos afirmar que, aunque las inversiones en materia educativa fueran máximas, nunca podríamos garantizar el éxito escolar de todos los alumnos y alumnas. La inclusión en la sociedad como ciudadano y ciudadana no depende sólo de la escuela.

> "...defender los proyectos educativos democráticos sin exigir de manera explícita la reconstrucción general de los servicios sociales sólo sirve para dar más fuerza a la opinión errónea –que con tanto éxito se ha inculcado en la conciencia pública en esta era de resurgimiento conservador– de que las escuelas son responsables de la gran multitud de resultados negativos que afectan a muchos de nuestros hijos" (Zeichner, 1999:93).

La mejora de los rendimientos –no sólo conocimientos– de la escuela no dependen exclusivamente de los servicios especiales y recursos de que disponga[8]. Los servicios especiales educativos no pueden conseguir solos el umbral educativo. Entonces ¿qué es realmente lo que puede hacer la escuela? O dicho de otro modo, ¿qué ha conseguido la universalización de la escolarización y qué objetivos pueden plantearse ante las desigualdades?

La igualdad de oportunidades significó la universalización de la escolarización, que se fue extendiendo desde el siglo pasado y alcanzó, sobre todo después de la segunda guerra mundial, a colectivos que anteriormente no habían tenido acceso a la educación, como el femenino –en nuestro país a partir de la Ley General de Educación–; y creó la imagen de que los talentos o el trabajo aplicado y continuado asegurarían que cualquier ciudadano y ciudadana podría ocupar cualquier puesto en la sociedad (meritocracia de talentos). Actualmente se siguen defendiendo estos conceptos elitistas de meritocracia en informes sobre el estado de la educación (tanto en EE.UU. como en Europa) que plantean la existencia de una supuesta crisis de excelencia que se solucionará a través de niveles académicos más rigurosos, unas pruebas normalizadas y la transmisión de una herencia cultural común (Zeichner, 1999). Un buen ejemplo de este tipo de propuestas es la Reforma

---

8. Guttman (2001:186 y ss.) nos muestra, a través de dos estudios de casos, las posibilidades y beneficios que puede ofrecer una mayor inversión en educación –que se traduciría en más especialistas y una mayor atención específica– para una niña pobre y una niña sorda. La primera de ellas, diagnosticada como hiperactiva y con problemas familiares, no dependerá sólo de la escuela ni de una mayor atención de especialistas en educación para superar sus dificultades. Frente a este caso, la chica sorda, en la medida que tenga más atención específica, podrá conseguir unos mejores logros educativos. La primera, para solucionar sus problemas educativos, necesita una estabilidad familiar que puede dársela la existencia de un Estado de bienestar que provea de servicios médicos, sociales y económicos a las familias desfavorecidas.

emprendida en España con la Ley de Calidad, cuya aplicación quedó suspendida con el triunfo de los socialistas en el año 2004.

Con estas medidas probablemente elevemos el logro educativo en un porcentaje del alumnado, pero no solucionaremos el fracaso escolar, y seguiremos sin identificar que el problema de la educación no es un problema de excelencia sino un problema de desigualdad.

Sin embargo, el acceso generalizado de individuos al sistema educativo ha demostrado que este tipo de medidas no son suficientes para alcanzar la igualdad, como nos hicieron ver múltiples investigaciones en la década de los '60, '70 y '80[9], demostrando que los menos favorecidos no llegarían a la cúspide de la pirámide de dicho sistema. De hecho, en todos los estudios sobre fracaso escolar existe una correlación con los orígenes sociales. La universalización del acceso a la educación sólo ha servido para desarrollar expectativas individuales, arropadas en diferencias sociales y que se convierten en capital cultural (Bourdieu, 1977).

Esto podría llevarnos a cuestionar la actuación insuficiente del Estado, en la medida en que no consigue la igualdad a través de la institución escolar. Quizá haya que continuar con esa vía de análisis, pero también cabe hacer un giro en el planteamiento inicial y volver a una cuestión previa: ¿es función de la escuela cambiar el orden social o formar a las nuevas generaciones para cambiarlo?[10].

Quizás haya sido la creencia en un proyecto político tan ambicioso, como es conseguir la igualdad a través de la educación, la que ha generado la desilusión hacia las propias instituciones educativas. Ello nos lleva a plantearnos dos sentidos diferentes para la escuela:

- Primero, si la escuela puede educar para transformar a la sociedad.
- Segundo, si la escuela puede equilibrar las desigualdades sociales.

La escuela, en el primer sentido, ha tenido sobre sus espaldas demasiada responsabilidad, cuando la educación –como nos dice Arendt (1996)– no puede tener un papel político, porque en política siempre tratamos con personas que ya están educadas. La escuela igualitaria sólo puede ayudarnos a mejorar nuestras vidas y hacernos más responsables, para que podamos decidir libre y conscientemente sobre nuestro futuro.

La educación de los niños y niñas ha formado parte de todas las utopías que han intentado crear un orden político nuevo, pero esta educación siempre tendría un sentido tiránico, porque se les niega a los niños y niñas su propio papel de diseñadores en el mundo futuro.

---

9. Por ejemplo, los trabajos de Bowles y Gintis (1976), Oakes (1985), y Wexler (1987). La doctrina crítica, a juicio de Goodman, ha permitido que se llegue a comprender la dinámica del poder educacional y social (2001:201).
10. Aunque deberíamos preguntarnos quién formará a los maestros y maestras que deben formar a las nuevas generaciones para que cambie el orden social.

"Es parte de la propia condición humana que cada generación crezca en un mundo viejo, de modo que prepararla para un nuevo mundo sólo puede significar que se quiere quitar de las manos de los recién llegados su propia oportunidad ante lo nuevo" (Arendt, 1996:189).

El segundo sentido es el reto que tiene actualmente la escuela como bien social y como escuela de todos y todas, más aún cuando sabemos que el problema del fracaso escolar es un problema de desigualdad y no de excelencia.

Como expectativa igualitaria la educación tiene la obligación de actuar en dos direcciones. Por un lado, la educación trata de mejorar a alumnos y alumnas consiguiéndoles un lugar adecuado en el mundo para actuar con libertad a partir de cierta garantía de igualdad. Por otro, la enseñanza trata de mejorar al mundo formando a ciudadanos conscientes y responsables. El objeto de la educación es el desarrollo de unos intereses comunes que descansan en el respeto y bienestar de todos los miembros del grupo (la mejora del mundo) y de unos intereses individuales que nos hacen plurales y diversos (la mejora de los alumnos y alumnas).

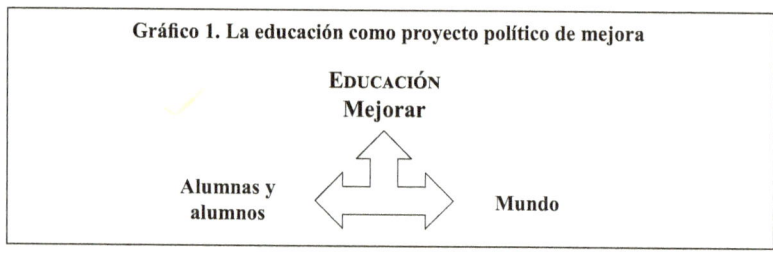

Gráfico 1. La educación como proyecto político de mejora

Planteada como función de la escuela la mejora de las nuevas generaciones, con objetivos individuales (en la formación de alumnos y alumnas) y con objetivos comunitarios (como mejora de la sociedad), lo que sí podemos constatar es que ha puesto de manifiesto en su proyecto universalista las desigualdades y la necesidad de ampliar el concepto de igualdad. A partir del acceso de colectivos diversos a la institución escolar, en la cual han encontrado objetivos homogéneos, se han puesto en evidencia las desigualdades que origina el trato igualitarista (que no es lo mismo que igualitario)[11], cuando los contextos culturales de procedencia, los intereses, las facultades y la socialización han sido diferentes.

---

11. El igualitarismo tiene como objetivo la identificación entre los sujetos y no la equivalencia; para Bobbio (1995) el igualitarismo es la "igualdad de todos en todo". Las personas (como hemos expuesto al explicar las condiciones máximas y mínimas de igualdad) no quieren ser "el otro superior", quieren ser ellas mismas pero valoradas de una forma equivalente a ese "otro".

Capítulo II

Cuestiones básicas para afrontar una educación para la ciudadanía

Los conceptos libertad, igualdad y democracia son conceptos que mantienen vínculos, en ocasiones complementarios y, en otras, excluyentes (Bobbio, 1995). Las diferentes doctrinas políticas se diferencian en cuál es el concepto que consideran matriz: el de libertad o el de igualdad.

Para los liberales, la libertad es el concepto matriz. Para los igualitarios, la igualdad es el núcleo del cual arranca su teoría política. Para los demócratas, según se amparen en principios liberales o igualitarios podemos hablar, respectivamente, de una democracia formal y de una democracia igualitaria.

Las democracias occidentales se amparan en ambos principios: libertad e igualdad, de forma complementaria, aunque no equilibrada. Actualmente en nuestras sociedades democráticas son rechazables las ideologías que no consideren ambos conceptos.

La igualdad sin libertad nos llevaría a sistemas políticos preocupados por equiparar a los colectivos desiguales (por ejemplo, hombres y mujeres) en necesidades, recursos y poder, y les negarían su autonomía para actuar[1]. La libertad es un requisito imprescindible para evitar totalitarismos, ya sean de izquierdas o de derechas.

La libertad sin igualdad significa ir anulando todas las medidas de intervención del Estado; aquellas que tienden a equiparar económicamente a sus miembros (prestaciones de jubilación, seguridad social, etc...), o a equiparar a sus colectivos (defensa de idiomas minoritarios, acciones positivas, paridad...), limitándose a una libertad personal, una libertad desigual, donde es más libre el que tiene más dinero y más poder. Actualmente con el neoliberalismo hay una tendencia a recortar esta intervención y a reforzar, por tanto, la desigualdad, lo que tiene consecuencias directas en el sistema educativo.

---

1. Es el caso de los totalitarismos de izquierdas, aunque en los mismos nunca se ha conseguido un acercamiento a la igualdad entre las mujeres, por ejemplo.

Vamos a detenernos en cada uno de estos conceptos para entender sus significados de uso y qué cuestiones sociales y humanas defendemos al amparo de cada uno de ellos.

La libertad personal y social: autonomía y responsabilidad

> *"Si poseyésemos la verdad no podríamos ser libres"*
> *(Arendt, en Sánchez, 1995:186).*

El concepto de libertad está exento de dogmatismo. Es un término que aplicado a cuestiones humanas y políticas se opone a totalitarismos y dictaduras, a los intentos de determinar de forma coercitiva la vida de los demás, al ejercicio de la violencia real y simbólica. Las guerras religiosas, el terrorismo, el nazismo, el fascismo... siempre han encontrado justificación en una verdad, en una forma particular de ver las cosas. Maxine Greene (1997) también huye de los textos acabados y lo expresa como sigue:

> "Las cuestiones importantes siempre se mantienen abiertas: las que tienen que ver, por ejemplo, con la definición de educación, con la determinación de los fines educativos, con la forma de alcanzar la democracia... Hay siempre una tendencia a dirigirse hacia una conclusión, a acabar el boceto, a mirar hacia atrás y contemplar un todo articulado. Pero cada lector debe esforzarse por encontrar su propia conclusión" (1997:86-87).

Con la frase que encabeza este epígrafe, Arendt (op. cit.) realiza una crítica al dogmatismo de la verdad[2]. Para esta filósofa-política, la verdad, cuando se aplica a cuestiones humanas y políticas, implica un elemento de coerción sobre el debate y la discusión. En su teoría, la opinión es una parte constitutiva de la política y que está enfrentada a la verdad. La opinión la ejercen los individuos. La verdad tiene un carácter despótico y la opinión constituye la verdadera materia de la política. También introduce la idea de interés, opuesta también a la verdad y que, a diferencia de la anterior, la ejercen los colectivos. Esta doble distinción entre opinión/individuo e interés/colectivo, nos aproxima a dos formas de entender la libertad: la libertad personal y la libertad social.

Siguiendo esta argumentación, podemos relacionar las opiniones con el individuo, la pluralidad, la diversidad y la libertad personal; y los intereses, con los colectivos, la autodeterminación, la multiculturalidad y la libertad social.

---

2. Como nos indica Cristina Sánchez (1995), el punto de partida epistémico de esta autora es el fenomenológico.

Tabla 1: El concepto de libertad individual y libertad social.

Libertad individual	Opciones individuales	Pluralidad (consenso)	Diversidad
Libertad social	Intereses colectivos	Autodeterminación	Multiculturalidad

Fuente: Elaboración propia.

Ferrater Mora (1980a) define el concepto de libertad de tres formas:

1. La libertad natural, que puede entenderse como la posibilidad de sustraerse a un orden cósmico predeterminado e invariable. Este orden cósmico puede ser el orden de la naturaleza (también el Destino). El hombre será libre en cuanto ser racional y dispuesto a actuar como tal. Aunque las vidas de los hombres estén determinadas, la conciencia de determinación les lleva a gozar de libertad.
2. Libertad social o política, concebida como autonomía o independencia para regir sus propios destinos frente a otras comunidades. Esta autonomía consiste en obrar de acuerdo con las propias leyes, las leyes del propio Estado. Hoy día podríamos también plantearla como autonomía de determinadas sociedades y colectivos dentro de un mismo Estado, en la aceptación del multiculturalismo. El peligro actual es que las identidades colectivas se han construido, en ocasiones, excluyendo a otras y hasta oprimiéndolas, dejando una línea muy fina en la división entre multiculturalismo y racismo.
3. Libertad personal, que también se concibe como autonomía o independencia dentro de nuestra sociedad, sea frente a la comunidad o frente al Estado. El individuo tiene derechos personales que lo separan de su comunidad. La libertad consiste en disponer de uno mismo.

La libertad individual, como unión de la libertad personal y natural, significa actuar racionalmente, con conciencia de nuestras determinaciones y de forma autónoma e independiente.

En todas las definiciones hay implícitas dos nociones de libertad que parecen apuntar en dos direcciones: una, la de un poder hacer; otra, la de una limitación. Ser libre no significa obrar sin ninguna causa, y no ser libre no significa tampoco obrar de acuerdo con una causa (Ferrater Mora, 1980a).

Es más, podríamos decir que actuar racionalmente significa un uso de la libertad determinado conscientemente por aquellos principios en los que creemos y que justificamos moralmente. Aunque también podemos obrar libremente, en cuanto responsables de nuestros actos, sin ninguna causa que no sea nuestro placer o reforzar nuestra identidad pero sin afectar al derecho de los demás.

Cuando no se es libre no se actúa de acuerdo a una causa, al menos en aquellos aspectos en los cuales está determinada nuestra libertad; actuamos, en todo caso, por causas determinadas por otros, con las que podemos estar o no de acuerdo.

Es posible analizar esto con una frase conservadora y común en nuestros días. Cuando decimos que: *"los jóvenes necesitan más normas porque se les ha educado con mucha libertad"*, se están utilizando mal los conceptos y dando lugar a confusiones, al menos, en dos sentidos.

- Por un lado, lo que deberíamos decir no es que se les ha educado con mucha libertad, sino con falta de referencias (justificado a veces en la comodidad o en la arbitrariedad), y esto, como estamos viendo, no tiene nada que ver con la libertad; el poder tomar decisiones y optar, si queremos que sea de una forma racional y asumiendo responsabilidades, tiene que ver con el sentido que tengan nuestras actuaciones.
- Por otro lado, la norma a la que se alude, definida por contraposición a libertad, significaría el acatamiento de actuaciones que no están justificadas en causas o principios, y además se aceptan por su sentido de dogma (o por el peligro de un castigo).

La libertad ha sido definida frente a la determinación como algo indisolublemente humano, y autores como Sartre nos han hablado de nuestra responsabilidad ante la libertad (libertad responsable). El hombre está condenado a ser libre y sentirá angustia ante esta libertad. El liber "libre" tiene la posibilidad de autodeterminarse, y esto conlleva una responsabilidad ante sí mismo y ante la comunidad (Ferrater Mora, 1980a).

Hasta aquí el concepto de libertad nos posibilita la elección y autodeterminación como individuos frente al Estado y la sociedad, y como colectivos, frente a otras sociedades, Estados y colectivos. También determina una serie de responsabilidades con las que debemos asumir esa libertad.

Rawls, en este sentido, destaca la importancia de los deberes sociales para proteger y cuidar los derechos individuales[3]. Es necesario justificar estos derechos en la argumentación moral. Los individuos poseen un sentido efectivo de la justicia y un deseo de sujetarse a su cumplimiento (Gargarella, 1999).

La difícil libertad en las relaciones de dominación

El marxismo tampoco niega la libertad humana y, a nuestro parecer, introduce elementos dignos de considerar. Engels nos dirá que los hombres hacen su historia a base de condiciones anteriores, pero son los hombres

---

3. Cohen, en su teoría de la justicia, lleva las exigencias igualitarias a las propias vidas personales. Para este autor los individuos no pueden dejar de lado principios que pretenden honrar en su vida pública (Rawls, 1978).

mismos quienes las hacen y no las condiciones anteriores (Ferrater Mora, 1980a).

Estas condiciones anteriores pueden crear lo que Bourdieu (2000) ha denominado la "perdurabilidad del habitus", los marxistas, "falsa conciencia" o "alienación" y algunas feministas "ideología sexista" y "patriarcado de consentimiento" (Saltzman, 1989 y Puleo, 1995). Una vez que ciertas condiciones coercitivas desaparecen, la sociedad sigue durante mucho tiempo asumiéndolas como naturales. También podríamos decir que determinadas ideologías (como por ejemplo, las sexuales) son mantenidas a través de estrategias más sofisticadas, cuando ya no hay un régimen de coerción directo sobre las mismas.

Algunos ejemplos pueden servirnos para entender esta idea:

Una primera muestra de ello sería el hecho de que en nuestras sociedades los hombres gocen de una mayor libertad sexual que las mujeres como consecuencia de situaciones anteriores, donde a la mujer se le prohibía o castigaba el adulterio. Otra prueba de este hecho es nuestro propio vocabulario con términos duales o simples que existen sólo para varones o mujeres (zorro/zorra, gobernante/gobernanta, fulano/fulana, hombría, caballerosidad, mujerzuela, arpía, víbora) (García Meseguer, 1986), o el doble rasero con el que son vistas las relaciones de mujeres y hombres en general.

Como nos llama la atención Alicia Puleo (1995), muy acertadamente, hay dos novelas de ficción del siglo XX que nos muestran los dos tipos distintos de dominación posible. En *Un mundo feliz*, de Aldous Huxley, se consigue dominar a los sujetos a través del modelado de los deseos de los habitantes sin ejercer ningún tipo de coerción, mientras que en *1984*, de George Orwell, el gobierno totalitario ejerce un control de la población a través de la constante vigilancia y adoctrinamiento.

En nuestras sociedades occidentales los medios de comunicación y la cultura globalizada, que nos colonizan desde Estados con más poder, como Norteamérica, moldearían los deseos de los ciudadanos para determinar sus opciones y actuaciones.

Consciente de las normas ideológicas en la determinación de comportamientos y actitudes, una de las críticas que Catharine MacKinnon (en Gargarella, 1999) le hace a la teoría de Rawls es justamente la creencia que éste supone en la voluntad de las elecciones.

Esto lleva también a que determinados colectivos, sujetos a unas condiciones de poder, construyan una identidad como consecuencia y determinada por esa situación de poder. Un ejemplo podemos observarlo en el patriarcado, donde en múltiples ocasiones se han considerado como rasgos esenciales de varones y mujeres (sobre todo de estas últimas porque representan la naturaleza) a aquellos construidos en una relación de dominación, sin pensar que han sido determinados por la misma.

La diferente moral que ha sido atribuida por Gilligan[4] a la mayoría de los hombres, "moral de la justicia", frente a la que mantienen la mayoría de las mujeres, "moral del cuidado", son una concreción de estas atribuciones generadas en situaciones asimétricas de poder entre los mismos. Para Gilligan,

> "...los varones son movidos principalmente por principios, piensan en conceptos de derechos y deberes, y adoptan una «perspectiva de la justicia», las mujeres parten de su interés personal y se orientan en las relaciones personales, en la responsabilidad frente a otros y, en general, en la perspectiva del cuidado (care)" (Gilligan, en Cavana, 1995:107).

Es Sandra Harding la que nos muestra cómo la empatía y la capacidad de comprender al otro, rasgo atribuido a las mujeres, han sido también una estrategia de supervivencia de los grupos oprimidos, mantenida en África por pueblos colonizados que intentaban predecir el pensamiento de los dominantes para poder protegerse a tiempo (Cavana, 1995:109).

De aquí podemos deducir que para que exista libertad no basta con la voluntad de ejercerla, sino que las relaciones de poder deben ser simétricas y las opciones para actuar libremente deben ser lo suficientemente amplias. Actuar con libertad, con la conciencia de que unimos la acción al pensamiento y dotamos de razones nuestras actuaciones, lleva toda una carga de responsabilidad, de posibilidad y de conciencia, que es personal y social.

Libertad positiva y negativa

El condicionamiento de la libertad ante las relaciones de dominación nos lleva a definir dos tipos de libertades: la libertad positiva y la libertad negativa, que separa a liberales igualitarios de liberales conservadores. Veamos lo que significan cada una de ellas para Gargarella (1999).

- La libertad negativa es entendida como no interferencia, nadie interfiere en los derechos básicos. En la tradición contractualista (Hobbes, Locke), la ley preserva nuestra libertad esencialmente a través de la coerción de otras personas, les impide interferir en nuestros derechos. Hay un círculo alrededor de cada uno de nosotros que no pueden atravesar los demás y que me impide interferir en la libertad de aquellos.
- La libertad positiva parte de la idea de un Estado activista que provee para que los individuos puedan llevar adelante los planes de vida que

---

4. Gilligan diferencia la moral del cuidado y la moral de la justicia a partir de unos experimentos realizados por Kohlberg. Sobre la polémica Kohlberg-Gilligan y la teoría feminista, podemos ver el magnífico artículo de Seyla Benhabib (1990), "El otro generalizado y el otro concreto: la controversia Kohlberg-Gilligan y la teoría feminista".

escogen. Compromete al Estado con la provisión de ciertos bienes básicos que son indispensables para que cada persona afirme su autonomía. Para Maquiavelo, la ley nos coerciona para actuar de un modo particular que se traduciría en el cumplimiento de deberes cívicos.

Para los liberales igualitarios se violan tanto los derechos y libertades por la acción del Estado como por la omisión, con lo cual están demandando un Estado benefactor. No unen la idea de neutralidad del Estado con la inactividad estatal, porque la igualdad se tornaría insostenible.

En cambio, la idea de libertad defendida por los liberales conservadores sólo se desarrolla en sentido negativo: poder actuar libremente sin que nadie nos lo impida, pero no en sentido positivo, como liberación de la miseria, de la dependencia, etc. La libertad negativa lleva a los derechos negativos, de no interferencia para que no dañen tu libertad personal. Rechaza la asistencia en necesidades básicas que podría exigir algún sacrificio para mejorar las condiciones de otro. Se quiere un Estado mínimo protector que no viole los derechos individuales (Gargarella, 1999).

Para Cohen (en Gargarella, op. cit.) hay un desajuste en la libertad que plantean los liberales conservadores porque el desnivel que se produce entre individuos en las relaciones de poder afecta al tema de la libertad.

El equilibrio entre libertad e igualdad: la autonomía y la responsabilidad

Podemos considerar que los liberales igualitarios buscan el equilibrio entre los conceptos de libertad e igualdad.

Para Rawls y Dworkin[5], un Estado liberal igualitario deberá cumplir con los siguientes requisitos básicos:

- Valor de la autonomía: las instituciones deben permitir que la vida de las personas dependa de lo que cada uno autónomamente elige y no de sus circunstancias. Por lo tanto, se deben igualar las circunstancias para que los individuos sean responsables de sus destinos.
- Principio de igualdad: las instituciones deben dirigirse a igualar a los individuos (en bienes según Rawls –desigualdades sociales– y en recursos según Dworkin –desigualdades naturales–). Aquí Rawls defiende su famoso principio igualitarista de la diferencia, que supone una desigual distribución que favorece a los grupos más desaventajados de la sociedad.

---

5. Tomamos estos planteamientos del libro de Gargarella (1999), que Rawls defiende en su *Teoría de la Justicia* (1978).

Esto no implica una igualdad absoluta entre los individuos, igualdad como identidad (que desarrollamos más tarde). El Estado debe ser neutral en materia de ética; no debe prohibir, ni recompensar una actividad privada, amparándose en la tolerancia. Por ejemplo, debería ser permisivo ante la escuela privada y ante el culto religioso.

Amartya Sen (en Gargarella, op. cit.) introduce la preocupación no sólo por los medios para conseguir las libertades, sino por el aprovechamiento de los bienes. Estos bienes pueden suponer diferentes cosas para personas diferentes. Es necesario un ajuste entre sus expectativas y su condición. En muchas ocasiones, el Estado provee de medios –por ejemplo, culturales– que sólo son aprovechados (o en su mayoría) por aquellos que no necesitan ayuda del Estado para su disfrute, porque son los que se sienten más identificados con estas ofertas. Esto nos lleva a plantearnos qué tipo de necesidades debe cubrir el Estado, o cómo puede proporcionar recursos y bienes a determinados colectivos que no representan a la hegemonía social.

Como hemos visto anteriormente, las desigualdades no son sólo económicas, sino desigualdades en las relaciones de poder y dominación que excluyen a determinados colectivos de los beneficios de las sociedades democráticas. Estas desigualdades son consecuencia de la propia visión particular de los grupos de élite, que gobiernan en la sociedad política.

Para los liberales igualitarios el concepto matriz de su teoría es la libertad, y a ésta vinculan la idea de igualdad. Para otros grupos (comunitarios, demócratas radicales, republicanos, marxistas y feministas), la prioridad está en el concepto de igualdad y a él supeditan el de libertad.

La igualdad como principio regulador del Estado

El concepto de igualdad opera en el terreno de la moral y no en el terreno de los hechos. Un principio de igualdad o desigualdad no es una descripción, sino una prescripción, un precepto o una norma.

Para Amelia Valcárcel (1994), la igualdad es una suposición, porque no existe de hecho y ni siquiera es posible conseguirla. Y porque el mundo que surge de pensarla es también diferente.

La igualdad humana se refiere a áreas como la política, la sociedad y la economía. Cuando mantenemos que los hombres son iguales, no quiere decir que sean iguales física o mentalmente, quiere decir que hay unos derechos que son básicos comunes a todos los hombres, según sea su constitución corporal o mental (Ferrater Mora, 1980b).

Para Jiménez Perona (1995a) y para Bobbio (1995) la igualdad es un concepto relacional comparativo: igualdad como "igual a". La igualdad es relacional como no lo es el término libertad. Es, por tanto, un concepto vacío que debemos definir con respecto a tres criterios (según Bobbio, 1995):

- Los sujetos entre los cuales nos proponemos repartir los bienes o los gravámenes.
- Los bienes o gravámenes que repartir.
- El criterio por el cual repartirlos.

En todo caso, igualarlos en sus circunstancias no significa igualar a los sujetos. Actúa más bien como un concepto relacional de equivalencia:

"Tener el mismo valor, no ser considerado ni por debajo ni por encima de otro" (Jiménez Perona, 1995a:135).

Esta equivalencia no quiere decir, en ningún caso, identidad, sino homologación, juzgar a los individuos con el mismo baremo o medirlos con el mismo rasero. Por tanto, la igualdad admite diferencias, pero no desigualdades (Jiménez Perona, op. cit.).

A la hora de fijar los sujetos a quien se iguala y los bienes a repartir, la igualdad es un concepto contradictorio que se refiere a lo universal y a la vez es un concepto excluyente. Según Ángeles Jiménez Perona (op. cit.), la historia del concepto igualdad ha sido la historia por separarla del privilegio y doblarla a la universalidad.

Valcárcel (1994) nos recuerda cómo los isónomos (los que son iguales entre sí) aplican entre ellos un fenómeno de equipolencia que niega al resto. Así, los que no son ciudadanos, los extranjeros, los Otros, quedan excluidos. Olimpes de Gouges, en contra de esta exclusión, realiza en 1791 una reclamación a un texto básico ilustrado sobre igualdad, la "Declaración de los derechos del hombre", al cual le redacta un texto paralelo, la "Declaración de los derechos de la mujer y de la ciudadanía", denunciando la falsa universalidad del primero, al identificar hombre con varón y excluir a las mujeres. Este proyecto de leyes igualitarias le costaría la vida en 1793 (López Pardina, 1995)[6].

La historia de la igualdad es la historia de ensanchar los márgenes de este concepto. Si hoy se reconocen en las Constituciones unos márgenes a la igualdad, estos se ampliarán en el momento que descubramos una nueva desigualdad, establecida con un nuevo criterio (la desigualdad de los que tienen los pies más grandes o la desigualdad de los que pertenecen a una nueva asociación).

Esto nos lleva a reconocer, según Bobbio (1995), que podemos hablar de doctrinas más o menos igualitarias, por ejemplo, la máxima "a cada uno

---

6. También la inglesa Mary Wolstonecraft (llamada por Walpole "hiena con faldas") escribe su famosa *Vindication of the Rights of Women* (Vindicación de los derechos de la Mujer) en 1792.

según las necesidades" es más igualitaria que "a cada uno según su clase", porque la igualdad en sí misma carece de contenido y depende de cómo queramos definirla.

La igualdad está relacionada con toda una serie de conceptos: diferencia, desigualdad, identidad, en relación a los cuales va a ir delimitando su significado. Vamos a empezar hablando de las condiciones máximas y mínimas de igualdad.

Condiciones máximas y mínimas de igualdad

La igualdad es un concepto abstracto y, mientras las condiciones mínimas las pone la justicia, las condiciones máximas las pone la envidia (Valcárcel, 1994).

La igualdad planteada desde sus condiciones máximas puede llegar a equivocarse con el término identidad, pero, como nos indica Amelia Valcárcel, quien reclama la igualdad nunca reclama la identidad:

> "nadie quiere ser otro, quiere quizá ocupar el lugar de otro, tener lo que tiene otro, pero ser otro señalable, cubierto por otra piel, querer ser precisamente ése, no constituye ninguna aspiración humana. Por alguna razón, y en esto el estoicismo tenía razón, el más humillado o maltratado de los seres humanos quiere seguir siendo él mismo, pero sin humillaciones ni maltratos (1994:7).

Bobbio (1995) también habla en contra de estas condiciones máximas de igualdad al considerar que confunden la igualdad con el igualitarismo entendido como "igualdad de todos en todo".

Por otra parte, en sus condiciones mínimas, la igualdad viene seguida del apellido "de oportunidades", pone el énfasis en la igualdad de acceso y de inicio y deja a la libre competencia y a la desigualdad económica y social la desigualdad de resultados. La legitimación del Estado es, cada vez más, la igualdad de oportunidades, y el escenario privilegiado de ésta es la educación o la capacitación para la competencia (Gómez Llorente, 2000)[7].

Hasta ahora no nos complace ni la igualdad máxima ni la igualdad mínima, aunque en esta última empezamos a reconocer la búsqueda de la justicia distributiva. Rawls en su teoría de la justicia supera esta igualdad mínima.

En los planteamientos de Rawls, una de sus ideas más radicales es el principio de diferencia donde se supera la mera justicia distributiva que

---

7. Es la demanda que realiza Tony Blair en su manifiesto "La Tercera Vía", o en la declaración conjunta de Blair y Schroeder desacreditando la capacidad gestora del Estado y empujando a los mecanismos del mercado para cumplir los objetivos sociales (Gómez Llorente, 2000:120-121).

supone esa igualdad de oportunidades. Tratar de forma desigual a los que no son iguales siempre que sea para beneficiar a los menos favorecidos. Se podrá violar la igualdad si beneficia en demasía a los menos favorecidos. Lo que cada uno obtiene es justo si los beneficios o posiciones son asequibles para los demás (Gargarella, 1999).

Actualmente se han equiparado nociones como igualdad humana y justicia social. Esta equiparación es más frecuente cuando afecta a la justicia distributiva y la distribución afecta a bienes materiales. Para autoras como Amelia Valcárcel (1994), la igualdad está siendo desactivada y ha dejado de ser usada para dar lugar a conceptos como el de justicia social.

La justicia social no es suficiente en nuestra cultura, actualmente monopolizada por los medios de comunicación y modelos culturales neoliberales, porque las ideas y las relaciones sociales humanas están siendo encarceladas. Si recordamos cómo definíamos el concepto de libertad frente a la dominación, alienación y al patriarcado de consentimiento, la igualdad también es una igualdad en cuanto al establecimiento de situaciones simétricas de participación y de poder para usar nuestra libertad.

Los derechos fundamentales son el de subsistir y el derecho de ser libre, cuando no interfiera con los derechos de los demás. Pero la libertad no es sólo elegir en el mercado, supone nuestro desarrollo como personas conscientes. En esto tiene mucho que decir la educación.

La igualdad natural frente a la igualdad formal

Ángeles Jiménez Perona (1995a) plantea tres tipos de igualdad, en los cuales incluye la igualdad entre los géneros, normalmente pospuesta ante otras igualdades más deseables, como por ejemplo, la económica.

a) Igualdad formal

Este concepto de igualdad formal encuentra su inspiración en Kant. Para este autor la idea matriz en la que se funda el Estado es la idea de libertad, entendida como libertad negativa; es decir, la capacidad que tiene un sujeto de actuar siempre y cuando no interfiera en la capacidad de acción de otro.

A partir de este concepto de libertad, la igualdad es una igualdad ante la ley. Es definida por Kant como la coacción que el derecho ejerce a fin de que se respete la libertad de los sujetos. Este concepto de igualdad es formal y compatible con la desigualdad material o de otro tipo.

b) Igualdad material

Este tipo de igualdad encuentra su inspiración en Rousseau. Para este filósofo la condición previa para conseguir la libertad (entendida como autonomía total) es la igualdad. Ningún individuo se puede considerar libre mientras otro se vea sometido a esclavitud por no tener los bienes necesarios para su subsistencia. La libertad se convierte, por tanto, en un fenómeno colectivo; "sólo se es libre si todos son libres y, para ello, debe haber igualdad" (en Jiménez Perona, 1995a:122).

Las soluciones para conseguir esta igualdad son consecuencia de un pacto social entre ciudadanos, que se reconocen entre ellos como seres autónomos e iguales. Será un pacto fraternal entre varones del cual se excluyen a las mujeres.

c) Igualdad natural

Según Jiménez Perona (1995a), tanto Kant como Rousseau rompen el universalismo del que ambos hacen gala para plantear una igualdad excluyente (más aún en el caso de Kant). La igualdad, como ya comentamos, en tanto concepto ilustrado, tiene que ver con la universalización y la exclusión.

Encontramos otro concepto de igualdad, más coherente con el principio de universalidad de Condorcet y Olimpes de Gouges[8]. La igualdad se funda en los derechos naturales del hombre, como ser sensible capaz de razonar y de tener ideas morales.

> "Nos encontramos, por tanto, ante la idea de una igualdad natural que arranca de un rasgo ontológico común a todos los miembros de la especie, idea esta que sirve de fundamento para un concepto político de igualdad que no conoce exclusión en lo que atañe al disfrute de derechos" (Jiménez Perona, 1995a:128).

Condorcet plantea este concepto de igualdad en el espacio público; Olimpes de Gouges lo amplía también al espacio privado doméstico.

El modelo de igualdad que se instaura en Occidente es un modelo de igualdad formal (Kant), derecho a la ciudadanía y que tiene características universalistas, como oposición al Antiguo Régimen, y excluyentes, porque en el nuevo espacio político todos los miembros no son tratados igual (Jiménez Perona, 1995a).

El movimiento sufragista y el marxismo reivindican la igualdad frente a este modelo.

Al feminismo se le ha acusado de feminismo social burgués, aunque sus reclamaciones no han sido estrictamente formales (op. cit.). Una de las primeras demandas de los movimientos feministas fue el acceso a la educación de las mujeres, que las libere de sus relaciones patriarcales.

---

8. Sus antecedentes los encontramos en el cartesianismo, cuyo precedente histórico para el feminismo es Poulain de la Barre.

El feminismo actual no tiene un carácter uniforme, son muchos los feminismos y, por supuesto, el feminismo igualitarista reivindica una igualdad tanto formal como material. Necesita realizar análisis interactivos en los que se tengan en cuenta las discriminaciones que también por clase, raza, religión y opción sexual sufren las mujeres.

La igualdad como reconocimiento de la diferencia y opuesta a la desigualdad

Uno de los problemas más frecuentes que nos encontramos cuando hablamos de la igualdad es su utilización vulgar relacionada con el concepto de identidad (Amorós, 1995). A partir de este vínculo, el concepto de igualdad se convierte en opuesto a la diferenciación y a la diversidad. Esto es tan habitual que profesores y profesoras pertenecientes a la Confederación de Movimientos de Renovación Pedagógica (MRPS) se preocuparon en su III Congreso (1996) de clarificar los términos diversidad e igualdad. Dos definiciones resumen sus planteamientos:

- Diversidad e igualdad no son considerados opuestos. Lo contrario de diversidad sería "uniformidad" y lo contrario de igualdad será "desigualdad".
- Aceptan una igualdad diversa, que no significa igualdad de todos en todo y opuesta a toda discriminación. Aceptan una igualdad con diferencias, una igualdad que hacen compatible con el pluralismo y, por tanto, es tolerante.

Igualdad-diferencia

Entender la igualdad como contrapuesta a diferencia lleva a rechazar la primera a favor de la segunda, trayendo como consecuencia el mantenimiento de la desigualdad debido a las diferencias.

"Los teóricos y teóricas que defienden estas ideas, como Heidegger y algunas seguidoras y seguidores suyos (como, por ejemplo, Derrida o Foucault) han querido desbancar la igualdad de toda práctica y teoría social y educativa. Por el contrario, las autoras y autores de más relieve en ciencias sociales (Beck, Giddens, Habermas, Touraine), educativas (Freire) y feministas (Benhabib) plantean en sus obras la igualdad como estandarte y analizan la forma mejor de incorporar a ella las diferencias" (Puigvert, 2001).

Sin embargo, no es tan fácil esta distinción por como se han usado tradicionalmente las diferencias en la generación de desigualdades, y por la propia aplicación de la igualdad que no ha incluido a todos los colectivos y ha sido excluyente. Es cierto, como nos dice Bobbio (1995), que normalmente se han utilizado las diferencias para excluir a determinados colectivos de la igualdad. Por ejemplo: las diferencias anatómicas de las mujeres con los hombres hacen que éstos las excluyan de su derecho al voto, a la educación...; la diferencia de los inmigrantes, por el lugar de nacimiento, les excluye de una serie de derechos que les son propios a otras personas.

Es en la Ilustración donde al introducir el término igualdad se empieza a reconocer la individualidad, la identidad y la diferencia. Como nos indica Arendt:

> "Si los hombres no fueran iguales, no podrían entenderse ni planear ni prever para el futuro las necesidades de los que llegarán después. Si los hombres no fueran distintos, es decir, cada ser humano diferenciado de cualquier otro que exista, haya existido o existirá, no necesitarían el discurso ni la acción para entenderse. Signos y sonidos bastarían para comunicar las necesidades inmediatas e idénticas" (Arendt, en Sánchez, 1995).

La igualdad se establece entre individuos que son diferentes. Es más, los individuos se reconocen como iguales porque son diferentes.

La igualdad, para Arendt –igual que para Celia Amorós (1994)–, se desarrolla en el espacio público, un espacio intersubjetivo de reconocimiento de la individualidad (pluralidad). Las personas que carecen o han carecido del espacio público (por ejemplo, las mujeres) están privadas del trato en igualdad y del reconocimiento de la individualidad. Se encuentran en el espacio que Amorós denomina "espacio de las idénticas", donde la esencia de la mujer se supone que es natural y a-histórica. La mujer vista como colectivo que encierra en sí a todas las mujeres:

> "La mujer es una criatura infinita y, en consecuencia, un ser colectivo: la mujer encierra en sí a todas las mujeres" (Kierkegaard, Diario del Seductor, en Amorós, op. cit.).

Son sustituibles unas por otras, no son individuos en la distribución de patrimonio pues es un colectivo desposeído, y como rasgo de este arquetipo tenemos la gran cantidad de nombres genéricos que se le atribuyen que indican la indiferenciación y que no tienen correspondencia con el género masculino: "El mujerío", "las Marujas", "las Mari Pilis", "las tres Marías", "las cien mil vírgenes"... (Amorós, 1994:45).

El hombre es definido por su esencia y las mujeres por sus atributos.

Lidia Campagnan, en respuesta a Rossana Rossanda, plantea la relación entre igualdad y el reconocimiento de la individualidad:

> "Creo que es bastante cierto lo que dices —le responde la líder feminista. La paridad de derechos entre hombres es paridad entre individuos, y qué es el individuo resulta bastante claro para el hombre. Éste posee una historia, ha tenido expresiones culturales, se ha expresado en valores, normas.

Pero qué es el individuo mujer ya no está tan claro. No tiene la misma historia, no se ha expresado a través de una escala propia de valores, no ha tenido normas ni formaciones sociales propias" (en Rossanda, 1982, cit. en Amorós, 1994).

En palabras de Amelia Valcárcel, la igualdad es una relación recíproca que los hombres se conceden mutuamente: es una igualdad "frente a ése, éste o aquél" (Valcárcel, 1993). La igualdad así entendida deja espacio a la individualidad, a la diferencia entre individuos, establece relaciones recíprocas entre individuos que son diferentes (Jiménez Perona, 1995a).

El discurso feminista ilustrado suele interpretarse como discurso de la igualdad, aunque nunca separó igualdad y diferencia, nunca la igualdad conllevó la indistinción de los sujetos (Valcárcel, 1991).

El individuo en cuanto que igual es diferente, autónomo, la mujer en cuanto que idéntica no es diferente, es heterónoma.

En el genérico mujer (vosotras las mujeres sois, pensáis, hacéis…) hay una designación heterónoma que excluye justamente a las mujeres de la esfera de la individualidad y el pacto. Las mujeres están condenadas a ser lo absolutamente Otro, lo absolutamente Diverso y, para la torpedad romántica, lo Otro-Misterioso (Valcárcel, 1991:109).

La igualdad podría ser sospechosa de incluir el término identidad si las demandas de igualdad se realizaran de forma individual. La igualdad siempre se refiere a colectivos y, como hemos visto, no en un sentido total. La igualdad no es identidad, no es igualdad máxima, y tampoco es opuesta a individualidad. Ahora será necesario volver sobre la idea de igualdad como opuesta a desigualdad.

Rawls y Dworkin (Gargarella, 1999) plantean en sus teorías que se trata de igualar a los sujetos en sus circunstancias para que la vida de las personas dependa de lo que cada uno autónomamente elige.

Igualdad-desigualdad

La igualdad reconoce lo que nos une como personas más que lo que nos separa. No significa actuar de forma igualitaria, como una estrategia, sin tener en cuenta circunstancias y necesidades[9], ni actuar para que todos

---

9. Por ejemplo, un miembro del Partido Popular perteneciente a la comisión del Pacto de Toledo que propuso, en el año 2002, en nombre de la igualdad, disminuir el sueldo de las mujeres pensionistas porque éstas tienen una media de vida mayor en cuatro años que los varones, estaba usando mal el concepto de igualdad en dos sentidos: por un lado, en lo único que los iguala es en el dinero a percibir, no en las necesidades, que supuestamente serán mayores si viven más; usa exclusivamente criterios economicistas; y en lugar de pensar en los sujetos a los cuales se igualan, en sus circunstancias, se piensa en el coste de la igualación. Por otro, según una ideología de derechas, deberían

seamos iguales en todo. En nombre de la igualdad se actúa para privilegiar a un determinado colectivo en relación a otro; es lo que se ha denominado equidad. Con este tratamiento probablemente no consigamos la igualdad pero, al menos, no favorecemos la desigualdad.

Esto también tiene como consecuencia que en la medida que favorezcamos a unas personas perjudicamos a otras, aunque sólo sea en su posición de poder. La redistribución económica perjudica y beneficia directamente a distintas personas. La ampliación del derecho al voto no perjudica directamente a los hombres, pero sí les quita, como colectivo, espacio de poder.

La igualdad es, por tanto, una tendencia que tiende a reconocer lo que nos une más que lo que nos diferencia. La igualdad máxima, como vimos, es utópica y no real.

Para Bobbio (1995), la igualdad es el término característico de la izquierda, y encuentra a sus defensores entre aquellos que tienen una mayor sensibilidad ante las desigualdades. Para los igualitarios la mayor parte de las desigualdades son sociales y, por tanto, eliminables. Por ejemplo, el movimiento feminista ha sido igualitario en el sentido de que han visto las diferencias entre hombres y mujeres como construcciones sociales e históricas[10]. Para los no igualitarios la mayor parte de las desigualdades son naturales y, como tales, inevitables.

Igualdad y libertad: necesarias y contradictorias

La igualdad y la libertad forman parte de la teoría política y de su concepto del pluralismo. La unión de estos dos conceptos no supone el equilibrio entre los mismos, pues la preservación del elemento de libertad del individuo o la preservación del establecimiento de igualdades entre los colectivos es el problema que se plantean todas las democracias. Sustentadas en lo individual o en lo colectivo, la libertad o la igualdad, difieren de unas ideologías a otras según el grado de preponderancia que den a cada parte, aunque ninguna sociedad democrática rechaza ambos conceptos. Con estos planteamientos nos acercamos al vínculo existente entre las ideas de igualdad y libertad que nos llevan del liberalismo conservador al liberalismo igualitario.

La libertad como capacidad individual de actuar y de elegir introduce el concepto de pluralismo y consenso. Los individuos son plurales porque sus opciones lo son, y la forma de articular esta diversidad en la sociedad, con la mediación del Estado, es a través del consenso. La forma que utiliza el Estado

---

preocuparse por igualar las libertades que, en este caso, pretende reducirlas en nombre de la edad.

10. De ello son ejemplos la clásica teoría sexo/género defendida como metodología fundamental para entender el origen de la desigualdad. O la introducción del concepto de género, que viene a hacer una distinción entre lo natural (el sexo) y lo social (el género).

para conseguir su legitimidad es la representación política (entendida como democracia representativa). Esta forma de democracia incluye el conflicto y la diversidad como partes constitutivas de la misma.

La igualdad, por su parte, introduce los términos justicia y liberación en su preocupación por los diferentes colectivos y porque todos ellos alcancen la libertad. Su objeto de preocupación, antes que la diversidad –aunque sin ella no existe la igualdad–, será lo colectivo y la defensa, en general, de los intereses colectivos.

El problema de hacer compatibles la libertad y la igualdad es, por tanto, que sus demandas principales son diferentes:

- La igualdad tiene que ver con demandas liberadoras colectivas. Es un requisito para conseguir la libertad. Debe ser definida en el sentido más universal posible, sin que ello signifique una igualdad total. Es sólo una aspiración, una estrategia contra la desigualdad.
- La libertad es una demanda individual y social (derechos personales y derechos colectivos) que se realiza frente al Estado y la/s sociedad/es. Es también un acto racional y consciente, responsable, que implica una serie de deberes cívicos de no intromisión en los derechos de los demás (libertad negativa) y de facilitar la libertad de los demás (libertad positiva).

Sin embargo, las demandas no son incompatibles: el respeto a lo colectivo requiere de un respeto a la individualidad (diversidad), porque los individuos forman parte de colectivos para reforzar su identidad y no para anularla.

En la medida en que los teóricos políticos no están interesados en cuestiones igualitarias la definen sólo como libertad del individuo, que sería el caso de los teóricos liberales conservadores. En la medida en que su preocupación por la libertad la plantean como algo digno de alcanzar por todas las personas, los liberales igualitarios se han preocupado por la justicia y por el tema de la igualdad. La igualdad se convierte en un medio para alcanzar la libertad y para que todo el mundo tenga unas condiciones que le permitan desarrollar su autonomía.

Uno de los problemas que plantea la igualdad son las restricciones que puede suponer a la libertad. Nozick (en Gargarella, 1999) nos hace notar que ciertos beneficios básicos de seguridad social pueden exigir algún sacrificio para mejorar las condiciones de otros.

Como nos indica Gimeno Sacristán, citando a Berlin:

"...la igualdad puede exigir limitaciones en la libertad de algunos que quieren dominar, para crear así un espacio de bienestar social. La colisión de valores (igualdad y libertad en este caso) es la esencia de lo que son éstos y de lo que somos nosotros" (2001:51).

También pensamos que en situaciones de desigualdad (como son todas las hasta ahora conocidas) la libertad también limita los espacios de igualdad. Por ejemplo, el hecho de que la educación privada se fortalezca con el apoyo del Estado para aumentar la libertad de elección de los ciudadanos crea mayores desigualdades. La escuela pública se convierte en un reducto de los sectores más marginales y, por tanto, en una escuela que no representa a la pluralidad y diversidad de la población.

Podemos concluir diciendo que la libertad no significa libre albedrío y para que se pueda ejercer no basta con la voluntad de ejercerla, sino que las relaciones de poder deben ser simétricas.

Las relaciones de poder actualmente están en manos de los que poseen el control económico y los medios de comunicación. También las relaciones de dominación de los varones sobre las mujeres son muy importantes y se superponen a otras dominaciones como son las económicas.

Se actúa libremente cuando somos conscientes y dotamos de razones a nuestras actuaciones, lo cual implica un poder hacer y una limitación, responsabilidad.

La libertad es individual para que podamos actuar de forma autónoma e independiente porque somos diversos y plurales. La libertad es social porque nuestra identidad se desarrolla en colectivos multiculturales que desean autodeterminarse. Ambas libertades no deben significar nunca la exclusión de individuos y colectividades.

La igualdad debe intervenir ante todas las situaciones de dominación, económicas, materiales y naturales, para crear caminos de liberación en los que todas las personas puedan constituirse como sujetos libres.

Democracia: la constitución de ciudadanos y ciudadanas

"La democracia es un orden para convivir racionalmente en una sociedad abierta en la que el poder del soberano o de las teocracias ha sido sustituido por el del pueblo, donde los ciudadanos libres deciden su futuro como individuos y colectivamente, guiados por lo que consideran que es racionalmente conveniente. La democracia supone una especie de conciencia o capacidad reflexiva de carácter colectivo que hace posible, como señala Giddens (1993), que la sociedad pueda pensarse a sí misma y buscar su destino que está en las manos de los ciudadanos" (Gimeno Sacristán, 2001:155).

Todos estaríamos de acuerdo y no habría discrepancias en lo que significa la democracia, en cuanto a soberanía del pueblo. Al principio la democracia fue un instrumento de la aristocracia contra el absolutismo monárquico, después se volvió instrumento de la burguesía contra la aristocracia y, desde hace algún tiempo, es instrumento de las masas populares contra la burguesía y los dictadores burocráticos, religiosos y militares (Harris, 2000).

También en que la democracia es libertad y autonomía social y, como consecuencia, individual. Significa ante todo libertad para actuar y tomar decisiones. Significa también libertad ideológica para pensar y libertad política para coexistir determinados proyectos de gobierno entre los cuales la ciudadanía opta libremente.

La democracia supone un nuevo orden y una nueva consideración del individuo y del ciudadano/a, a quienes se reconoce como iguales, equipolentes, iguales en su libertad para actuar, y en sus posibilidades para hacerlo. Se apoya, por tanto, en la idea de libertad y en la idea de igualdad, aunque ambas estén consideradas de forma insuficiente en nuestras actuales sociedades occidentales.

Esta insuficiencia se debe a que la lógica del poder está instaurada en: a) la economía de mercado, b) los medios de comunicación, y c) la dominación que se opera sobre colectivos como el de mujeres, que no permite el desarrollo de la igualdad.

"Si la opresión, la explotación y la discriminación no son reducidas significativamente en las relaciones humanas y en la sociedad entera, la democracia queda «preforma» y precaria" (Harris, 2000:5).

Veamos de qué forma la democracia en nuestra sociedad se presenta de forma precaria.

a) En primer lugar, el capitalismo se ha convertido en una nueva forma política que sobrepasa a los sistemas de producción y condiciona nuestra vida individual y social.

"El capitalismo, más que un sistema de distribución de recursos e ingresos, es un sistema de gobierno" (Harris, 2000:211).

Bowles y Gintis (1987, cit. en Beyer y Liston, 2001) nos alertan sobre la importancia de detectar los efectos culturales y políticos del capitalismo como sistema de gobierno. Vivimos en una sociedad democrática con una economía de mercado. Para Alain Touraine (1994) esto supone el debilitamiento de los Estados democráticos sometidos a las reglas del mercado mundial. Hay una baja participación política y debilitamiento de la conciencia de ciudadanía. Muchos sujetos se sienten más consumidores que ciudadanos.

b) En este entorno, la acción democrática debe suponer una liberación de los individuos y los grupos dominados por la lógica del poder, que actualmente la constituyen también, en segundo lugar, los medios de comunicación. Las decisiones de los individuos son hurtadas por su falta de capacidad crítica, ante los modelos que transmite la cultura global hegemónica, y que convergen hacia la construcción de identidades moldeadas.

La misma lógica del mercado quiere sujetos que no cuestionen los modelos sociales de relación pasivos y conservadores, ni las tremendas desigualdades y exclusiones que hacen posible su mantenimiento.

Este debilitamiento de la democracia en la última parte del siglo XX por la regresión del Estado de bienestar y por la acción de las políticas económicas neoliberales, ha hecho resurgir una nueva preocupación por revitalizar los derechos de los ciudadanos (Gimeno Sacristán, 2001).

c) Un tercer elemento clave que caracteriza a nuestras sociedades democráticas es que las relaciones de dominación, como las sexuales, no preocupan una vez alcanzada la igualdad legal, porque la opción igualitaria que brinda la democracia (su libertad de elección o igualdad de oportunidades y no de resultados), sirve para justificar teóricamente el hecho de que cada cual decida qué lugar ocupa. Con ello se legitiman las diferencias histórico-sociales y culturales como naturales.

Las relaciones de dominación, que en una sociedad democrática debían desaparecer, en ocasiones se afianzan, porque se esconden ante una supuesta libertad. Las opciones se abren hacia un futuro posible y se resta valor al pasado (a cómo hemos construido nuestras formas de vida), sin plantearnos que es un instrumento sin el cual difícilmente podemos explicar esas relaciones de dominación. La democracia al legitimar el futuro, sin prever que parte de ese futuro se construye con el sustrato ideológico del pasado, da validez y estabilidad al mundo social.

Además, la capacidad de actuar libremente, reconociendo la distancia entre el Estado y la vida privada es falsa ante el poder económico. Todos pueden pensar en su plan de vida ideal, pero sólo podrán desarrollarlo los que cuenten con los recursos necesarios. Este poder económico no sólo afecta a la posesión de determinados bienes, sino al propio status social, pues todo se cambia y se consigue a través del dinero.

Por otro lado, la identidad la construimos a través de mecanismos muy sutiles, no impuestos, como son los medios de comunicación, que dirigen quiénes somos y quiénes debemos ser de una forma bastante estereotipada, sensiblera, sexista, clasista y racista.

Tipos de democracia

No todos los significados de democracia son iguales; a nuestro parecer, lo que los diferencia a unos de otros es su preocupación por la igualdad, dónde la sitúan y qué contenido les dan. La forma de incluir a la igualdad supone el reconocimiento de intereses comunes y supone la construcción del individuo o grupo como actor, la constitución de la ciudadanía.

Definimos los tipos de democracia en relación a los tipos de igualdad que hemos tratado anteriormente (siguiendo a Jiménez Perona, 1995a).

En primer lugar, podemos hablar de una *democracia formal*, que supone una igualdad ante la ley. La democracia considera al ciudadano como un individuo de derecho, y el derecho ejerce una coacción para que se respete la libertad de los sujetos (una libertad negativa). Esta democracia es denominada por Harris (2000) como democracia primaria y estaría relacionada exclusivamente con el aparato institucional: los órganos legislativos, procesos electorales, partidos políticos, el sistema judicial, las leyes, etc... Incluiría el principio de la representatividad política (planteado por Touraine, 1994) que uniría la sociedad civil y el Estado.

Según Bárcena (1997), la ciudadanía, en la democracia liberal, es la adquisición de un status, y alude básicamente a las relaciones formales entre el individuo y el Estado, relación por la cual se asignan al individuo (ciudadano/a) una serie de derechos cívico-políticos vinculados a la Constitución. Este reconocimiento formal de los derechos de las personas, de carácter más político, también evoca libertades individuales, tales como la libertad de expresión, el derecho de disponer de sí mismo, el derecho a la propiedad, etc. (Gimeno Sacristán, 2001).

Beyer y Liston (2001) llaman a esta democracia "adversaria" porque, a su juicio, hay diversos intereses en conflicto entre las personas, que son, como su nombre indica, adversarias. Para resolverlos se utiliza el voto, mediante el cual se impone la mayoría. La igualdad la ofrece la votación: "una persona, un voto".

Pero esta democracia es insuficiente, porque como consecuencia del fomento de la libertad hay una capacidad de acción que es aprovechada por las estructuras económicas de poder. También por el abuso de las mayorías, porque ni la participación, ni el consenso protegen a la diversidad de individuos, a los colectivos que no poseen el poder. Un ejemplo nos puede servir para ilustrar este caso: ¿podríamos considerar democrática la actuación de una asociación de padres que eligen por mayoría expulsar a un chico de clase porque tiene SIDA o es gitano? La respuesta sería negativa, porque se estaría atentando contra la libertad individual y colectiva, respectivamente, de estas personas. Claramente este tipo de democracia no tiene en cuenta un principio que caracteriza a las democracias que es el principio de no discriminación.

En segundo lugar, y de acuerdo con los tipos de igualdad vistos anteriormente, tendríamos la *democracia material*. La igualdad se consigue a través de un pacto entre varones, para que el Estado intervenga (libertad positiva) y todos tengan unos bienes y recursos básicos para poder definir su plan de vida (teoría de la justicia de Rawls y Dworkin). La libertad empieza a constituirse con un interés colectivo, porque ningún individuo se considera libre mientras otro se vea sometido a esclavitud por no tener los bienes necesarios para su subsistencia. Estaríamos hablando de derechos sociales.

La democracia considera al ciudadano como un individuo de derecho, pero que también pertenece a colectividades económicas. La ciudadanía no es sólo un status, sino que hay un compromiso con unos intereses y necesidades comunes a los cuales se orienta su participación en el ámbito público.

Esto lleva a la creación del Estado de bienestar y las políticas sociales[11], como espacios de gestión colectiva. Actualmente en la Unión Europea la actuación de las políticas sociales se dirigen a la intervención pública en el plano laboral y a la asignación de valores, recursos y oportunidades entre grupos y colectivos sociales. En las democracias europeas avanzadas se reproducen agendas sociales que incluyen: las pensiones, la sanidad, la educación, el empleo, la asistencia social, la vivienda y la familia (Subirats, 2000). Sin embargo, no ha existido un desarrollo igualitario entre los Estados.

Tistmus (1974, en Subirats, 2000) estableció ya en la década de los setenta tres modelos diferenciados de protección social en el capitalismo avanzado: social-demócrata, democristiano y liberal, al cual Subirats (2000) añade un modelo más tardío que denomina latino, que tendrá el referente del modelo democristiano pero con un bajo nivel de gasto social.

- El modelo social-demócrata o modelo nórdico se caracteriza por una oferta de servicios y transferencias sobre la base de los derechos sociales de ciudadanía, cuyo referente normativo es la igualdad y el tipo de cobertura universal.
- El modelo liberal o anglosajón basa su oferta de políticas en el criterio de necesidad social, por lo que genera una división social con los sectores de rentas bajas a los cuales confina al disfrute exclusivo de servicios mínimos. El referente normativo es la asistencia y la cobertura selectiva.
- El modelo denominado democristiano o continental y el modelo latino, o modelo de Europa del Sur (España, Grecia, Portugal y, en parte, Italia), vertebra su agenda social en torno a la vinculación directa de las personas al mercado, con lo cual el referente normativo es la seguridad para los trabajadores, mediante las pensiones y seguridad social (la mayoría de hombres) y la asistencia para aquellos que no trabajan remuneradamente (bastantes mujeres y colectivos a los que no se reconoce la ciudadanía), por lo que el tipo de cobertura poblacional es selectiva. Además, en el modelo latino es insuficiente por el bajo nivel de gasto social.

No podemos hablar de un Estado de bienestar único. Sí podemos afirmar que tanto el liberal, el democristiano y el latino, plantean desigualdades profundas en la democracia al limitarse a sistemas de asistencia selectivos y que engendran diferencias.

---

11. Creadas entre los años 1945-1975, aunque algunos Estados latinos se incorporan más tarde, por ejemplo, España.

En nuestro país tenemos modelos universales de salud y educación financiados por la vía impositiva, pero con niveles de gasto per cápita por debajo de la media comunitaria y en coexistencia con sectores privados más amplios que en el resto de la Unión Europea[12]. Necesitamos servicios sociales de una mayor calidad y una nueva sociedad paritaria de hombres y mujeres, en la que estas últimas no dependan de los primeros para su subsistencia.

La intervención de un Estado a partir de sistemas de asistencia y seguridad para garantizar bienes básicos, no evitan la existencia de sistemas de dominación presentes en nuestras democracias.

Actualmente Europa plantea unas nuevas necesidades: en primer lugar, ante el nuevo mercado de trabajo demanda una nueva reestructuración de políticas de protección social y de empleo. En segundo lugar, ante el paso de una sociedad de clases a una sociedad con multiplicidad de ejes de desigualdad (más rica pero con más espacios de exclusión), necesita espacios públicos de acción contra la exclusión y que contemplen las nuevas lógicas de relación entre la familia y el empleo. Necesita programas de igualdad de género en el empleo y en servicios a las familias (educación infantil, residencias de ancianos…) (Subirats, 2000).

Una sociedad que pretenda la universalidad de derechos sociales, para que los ciudadanos y ciudadanas puedan elegir su plan de vida, es una sociedad tolerante y caracterizada por el principio de no represión, que nos llevaría al tercer tipo de democracia.

En tercer lugar, estaría la *democracia natural*. La igualdad se funda en la universalidad y en los derechos naturales del hombre y de la mujer, como ser sensible capaz de razonar y de tener ideas morales.

Esta democracia podríamos empezar a verla como unitaria, en el sentido que le dan Beyer y Liston (2001), porque se fundamenta en los sentimientos de amistad o solidaridad, que descansan en un conjunto de intereses comunes y el respeto de todos los miembros del grupo.

La ciudadanía aquí sería vista en sus derechos sociales y políticos,

> "referida a derechos sociales y relacionada con los ideales de participación igualitaria en la vida pública a través del uso de los bienes y servicios públicos, como hospitales, parques y, por supuesto, centros de educación" (Jiménez Perona, 1995b).

Hay una práctica de compromiso orientada a la participación en el ámbito público. Harris (2000) la denomina democracia secundaria, y para este autor es la que proporciona éxito a un sistema democrático; se refiere al "software" o a la cultura de la democracia. Lo expresa con la siguiente metáfora:

---

12. Esto es una de las características particulares de los Estados de bienestar latinos (Subirats, 2000).

"La democracia primaria sin la democracia secundaria es como jugar a los deportes sin practicar la deportividad" (Harris, 2000:5).

La democracia secundaria es un sistema de valores y normas para gobernar la conducta de las personas en casi todas las relaciones humanas, que debe considerar[13]:

- La inclusión y participación de todos los afectados en la toma de decisiones.
- El reemplazo de relaciones asimétricas de dominación y dependencia por relaciones simétricas e igualitarias.
- El uso del consenso para resolver los conflictos.
- La competencia y el conocimiento como fuentes de influencia en vez del personalismo y las prerrogativas del poder.
- El respeto de las diferencias sexuales, nacionales, étnicas, raciales, de clase, religiosas, etc... en vez de discriminar contra las personas o grupos por esas diferencias.

La democracia considera al ciudadano como un individuo de derecho, que también pertenece a colectividades económicas y culturales. No se ampara, sin embargo, en la tradición por su pertenencia a estas colectividades culturales (como plantearían los comunitarios), sino que a partir de la propia identidad construida individual y colectivamente participan en una definición futurista del bien común. El ciudadano como partícipe de la sociedad es una orientación que arranca de la tradición griega y se desarrolla en la tradición más comunitaria del republicanismo (Gimeno Sacristán, 2001).

La sociedad se convierte en un proyecto ilustrado y civilizatorio donde cabe toda posibilidad, incluso la utopía de la igualdad entre los seres humanos. Aunque la hayamos definido como democracia natural no responde a una predisposición natural del hombre, ninguna lo hace, pero ésta, en la medida en que es una igualdad que supera derechos formales y alcanza todas las esferas sociales, se convierte en lo que Gimeno denomina "la ciudadanía como cultura vivida" (2001:153).

Arendt define la artificialidad como una de las características de la ciudadanía. La política es un logro cultural que permite a los humanos trascender la vida y mostrar un mundo en el que la acción política y el discurso puedan florecer. En este sentido, la adquisición de la ciudadanía es la adquisición de los derechos formales de libertad y de igualdad, sin importar la identidad étnica, religiosa, racial o sexual. La propia construcción de un mundo común, que Arendt denomina "esfera pública", es el espacio de establecimiento de nuestras identidades colectivas y del reconocimiento de la realidad común. Es una acción humana civilizatoria (Bárcena, 1997).

---

13. Realizamos una síntesis de la propuesta de Harris (2000).

Como vimos al definir el término igualdad, nos reconocemos como iguales en la medida que somos diferentes, y en este estrecho vínculo de unión entre igualdad y diferencia es donde define Arendt (en Bárcena, 1997) a la pluralidad como la específica condición de toda vida política. Por un lado, las personas somos iguales, condición indispensable para entendernos; y somos diferentes, por lo que necesitamos, para comprendernos, de la acción y del discurso. La pluralidad humana se compone de igualdad y distinción.

El bien común habría que buscarlo en espacios de participación, donde la deliberación colectiva a través del diálogo, el debate y la argumentación nos permitan articular intereses comunes. Son espacios de consenso donde, por un lado, expresamos nuestra identidad, al tomar iniciativas personales capaces de ser pluralmente reconocidas, y por otro, establecemos relaciones de reciprocidad y de solidaridad en la construcción de una ciudadanía participativa.

La política como deliberación recupera para la democracia la idea de un sentido de la vida cívica como una forma personal de desarrollo (Bárcena, 1997), y que podríamos considerar dentro de la tradición del republicanismo cívico de Tocqueville.

> "Las decisiones públicas se toman, pues, a través de un proceso de consulta mutua, por las vías de las artes del diálogo y la deliberación, que son los nutrientes naturales del ejercicio del juicio político: una actividad mental que supera, como mucho, el cómodo arte de formular juicios privados sobre asuntos públicos, pero al margen de todo compromiso cívico real con la cosa pública" (Bárcena, 1997:231).

Frente a la burocratización y homogeneización social es necesario extender la democracia a todos los ámbitos, crear hábitos democráticos participativos y convertir el poder en algo plural que llega a todos los estratos sociales. Por la relación que se establece entre la ciudadanía, la cultura y la educación, se convierte en un gran proyecto que nos da una nueva lectura sobre retos que tiene planteada la educación y el currículo (Gimeno Sacristán, 2001:154).

Todo este discurso sobre democracia entendida como igualdad natural nos habla de inclusión, consenso, participación, conocimiento y hasta de respeto a las diferencias. Sigue existiendo, sin embargo, un principio que se oculta bajo esta democracia natural: el <u>principio democrático de liberación</u>, que nos llevaría hacia un cuarto tipo de democracia.

La democracia como liberación

Es necesario, por tanto, introducir algunas distinciones más sobre el concepto que hemos mantenido de democracia natural. El individuo liberal, como nos alerta Pateman (1995), es construido a través de una imagen masculina, de tal manera que postula a un público "universalista", homogéneo y que relega toda particularidad y diferencia a lo privado (Mouffe, 1996).

Elena Beltrán y Cristina Sánchez (1996) piensan que la democracia participativa tiene un difícil acomodo con la teoría feminista:

> "En las sociedades contemporáneas, las fronteras de lo público se presentan más permeables y porosas de lo que el republicanismo pretende, y la inclusión o no de cuestiones consideradas privadas es en sí un asunto político presente en las agendas de los movimientos sociales en general y del movimiento feminista en particular. Por ello, al republicanismo se le ha reprochado, muy especialmente desde la teoría feminista, la utilización acrítica del modelo aristocrático y guerrero de la polis griega, que instaura la separación entre público y privado" (1996: XX).

Carole Pateman (1995) y otras autoras como Celia Amorós (1995) ya señalaban que la diferencia sexual construye una diferencia política que se expresa en la figura clásica del contrato social, "un pacto entre caballeros", que explica la libertad del ser humano y las obligaciones del ciudadano para con el Estado.

> "Ahora bien, este convenio o pacto social se contrata exclusivamente en los asuntos públicos, de modo que lo que explica racionalmente es el nacimiento de lo público. La esfera de lo privado-familiar y la mujer que por ella se define permanecen regidas por una suerte de ley divina o natural" (Molina Petit, 1995:197).

Este contrato no se ha perdido ni en aquellos aspectos más igualitarios de nuestras democracias, como es la creación de los Estados de bienestar. La desigualdad de poder y autoridad entre los sexos también se muestra como desigualdades en la distribución de los recursos. Un ejemplo nos lo hace ver Rosa Cobo (1995) en las pensiones contributivas, que por tener un origen contractual se otorgan mayoritariamente a varones, mientras que las pensiones no contributivas, asignadas a personas que han desempeñado trabajos no retribuidos, corresponden mayoritariamente a mujeres[14].

Lo universal en la realidad de las mujeres es el hecho mismo de la diferencialidad en la asignación de funciones y en la adjudicación de valor a las tareas que se consideran propias del sexo masculino o femenino (Amorós, 1995).

---

14. Nancy Fraser y Linda Gordon (1992) apuntan cómo los contratos laborales generan unos derechos legítimamente protegidos por la seguridad social ante una enfermedad o jubilación, en cambio, los trabajadores no remunerados son protegidos caritativamente por el Estado en la forma de Asistencia Pública.

Las relaciones sociales entre los sexos dependen de los modelos en como se organiza la reproducción social. Mientras para los hombres la familia se toma en cuenta para subordinarla a las exigencias del trabajo remunerado, para las mujeres hay una superposición de los distintos papeles que cumple en la sociedad y en la familia. Así la conciliación de la vida familiar y el trabajo es un objetivo de las políticas sociales que se dirigen a las mujeres. Esta división entre trabajo y familia y la asignación de la actividad de reproducción, mayoritariamente a las mujeres, supone la predominancia e importancia del trabajo sobre la misma y relegar a las mujeres a una marginalización creciente y a una doble explotación (del Re, 1998).

Alisa del Re (1998) nos alerta sobre el hecho de que cuando las intervenciones de las políticas sociales se dirigen a reducir las pensiones o aumentar los años de cotización, ello constituye implícitamente un ataque a las mujeres y a sus ingresos; pues este sector de la población es el que vive más tiempo y el que menos cotiza porque posee trayectorias laborales más discontinuas.

Como indica Showstack Sasson (1998), desde esta perspectiva, lo privado, lo social, lo económico, lo político, la sociedad civil y el Estado forman una red de interdependencias que resulta imposible concebirlas de forma separada.

Esto no significa, sin embargo, reclamar un reconocimiento diferenciado en la esfera pública, como plantean ciertas teorías postmodernas, porque al parecer de Seyla Benhabib (1996) la fragmentación de sujetos y discursos hace imposible sostener unos objetivos comunes reivindicativos.

Benhabib (1996) aboga por un feminismo social que acepta el fomento de la capacidad de actuar de cada persona dentro de los confines de una comunidad solidaria que sostenga la identidad de cada uno/a a través del reconocimiento mutuo. Adoptando el punto de vista del "otro concreto" confirmamos no sólo la humanidad de los otros/as, sino también su individualidad:

"La identidad de cada «nosotros» depende de una estructura de poder; las colectividades se constituyen a sí mismas no sólo excluyendo, sino también oprimiendo a otros, por encima y contra de quienes se definen. En este sentido, la identidad de cada «nosotros» contiene el resultado de luchas colectivas por el poder entre grupos, culturas, géneros y clases sociales. El «nosotros» como sujeto colectivo está formado por la sedimentación de ese pasado de luchas por la hegemonía" (Benhabib, 1996:31)[15].

La autora plantea esta cuestión de una forma muy clara a través de las siguientes preguntas:

---

15. Esto es lo que Benhabib (1996) llama "la fungibilidad de la identidad". Las identidades se "construyen" por el choque y el conflicto, pero también es un proceso de "constitución que ocurre a espaldas de los sujetos sin su participación voluntaria".

"¿Es obvio que un sistema de redistribucionismo social y económico basado en la identidad de grupos sea preferible a un modelo de justicia social universal que se atenga a los niveles de ingresos antes que a la identidad racial, de género o étnica como criterio relevante para recibir ciertos tipos de beneficios sociales? ¿Un ingreso anual garantizado para los pobres no habría salvado a muchas madres dependientes de la asistencia pública del humillante examen de los funcionarios de Estado sobre sus prácticas sexuales y hábitos de trabajo? ¿Podría haber sido más aceptable considerar a los barrios de las ciudades como unidades colectivas ficticias a las cuales se distribuye ciertos beneficios colectivamente, tales como asistencia sanitaria, educación y vivienda, antes que seleccionar los diversos grupos de las ciudades, y contribuir con ello voluntariamente a la competencia y el antagonismo que hace estragos en muchas ciudades de Norteamérica?" (1996:41-42).

El sistema al que alude Benhabib es el modelo liberal que basa su oferta de políticas, como hemos visto, en el criterio de necesidad social. Los servicios están ligados a la comprobación de recursos y a situarse por debajo de un umbral de ingresos personales y familiares. Su referente normativo es la asistencia.

Probablemente sería más conveniente un modelo que no generara una división social con los sectores de rentas más bajas a los cuales confina al disfrute exclusivo de servicios mínimos. Cualquier modelo que no oferte sus servicios sobre la base de los derechos de ciudadanía, con una cobertura universal, no actúa sobre las estructuras de renta y las jerarquías tradicionales.

Para Chantal Mouffe (1996), en esta misma línea, una definición de la ciudadanía no significa (como propone Pateman, 1995) reemplazarla por una concepción sexualmente diferenciada, bi-genérica, del individuo, ni agregar las tareas consideradas específicamente femeninas a la mera definición de ciudadanía. Es necesaria una concepción de la ciudadanía en que la diferencia sexual sea algo no pertinente. No aboga por la total desaparición de la distinción sexual como distinción pertinente. Su tesis es que, en el dominio de lo político y por lo que toca a la ciudadanía, la diferencia sexual no debe ser una distinción pertinente.

Coincide con Benhabib (1996) en su propuesta de una nueva síntesis, superadora de las políticas de identidad, de solidaridades colectivas con identidades pluralmente constituidas[16].

---

16. Chantal Mouffe ya abogaba en un libro anterior (Laclau y Mouffe, 1985) por la necesidad de establecer una cadena de equivalencia entre las diferentes luchas democráticas, en las que se creara una articulación entre las demandas de las mujeres, los negros, los trabajadores, los homosexuales y otros. Esta autora también discrepa de la creación de un público heterogéneo, por el propio esencialismo que aportan los diferentes grupos.

El problema que siguen teniendo las mujeres en la definición universal de las políticas sociales de igualdad de oportunidades es que el Estado ha hecho extensibles a las mujeres las normas que se aplican a los hombres. El mundo del trabajo y los tiempos están moldeados según los intereses de los hombres (del Re, 1998).

Con el objetivo de conseguir esa ciudadanía universal es necesaria una concepción más amplia de la ciudadanía que incluya la vida privada y en la cual las labores reproductivas se universalicen. A partir del reconocimiento de la constitución de la ciudadanía como un contrato entre varones (el contrato que realizan las mujeres en su proyecto de vida es el casamiento, y éste no se estipula en términos democráticos), la democracia como liberación superaría este concepto sin que signifique la modificación de los supuestos que encierra actualmente. Esta nueva ciudadanía se puede articular a través de cuatro cambios fundamentales en las sociedades actuales y relacionados entre sí (algunos suponen estrategias para desarrollar otros): la inclusión de la vida privada, la paridad, la acción positiva y el pacto entre mujeres.

a) La inclusión de la vida privada

El primer cambio supondría la inclusión de la vida privada y modificar la consideración de la familia nuclear para que no siga siendo un pilar en el que se apoye la actual sociedad capitalista.

En esta línea, Showstack Sasson (1998) propone la necesidad de una redefinición de ciudadanía y de derechos sociales que incluya los derechos de la vida diaria, ampliando los derechos tanto para hombres como para las mujeres, de disfrutar de un tiempo para ocuparse de los demás. En Estados de bienestar más avanzados, como son los de países nórdicos, hay muchas funciones relacionadas con el cuidado de las que se ocupa el Estado, el mercado y organizaciones voluntarias. Es necesaria una política del reparto del tiempo que nos garantice tiempo para ocuparnos de los demás, una flexibilidad en las relaciones laborales a lo largo del ciclo vital y una flexibilidad de las organizaciones y de las instituciones.

Para Alisa del Re esto pasa por una desjerarquización de la estructura de la empresa y del mercado:

> "Esto permitiría la instauración de una organización de los tiempos de producción basada en las compatibilidades de los tiempos reproductores, más que en los imperativos de los tiempos del mercado" (1998:244).

El objetivo para esta autora es acabar con la primacía de las mercancías sobre los individuos, de tal forma que los tiempos del trabajo de producción

---

Para Mouffe (1996), el objetivo de la ciudadanía es la articulación hegemónica de las demandas de los grupos.

y los tiempos del trabajo de reproducción se conviertan para cada uno y para cada una de nosotros en un solo tiempo: el tiempo de vivir.

b) La paridad y la acción positiva

El segundo y tercer aspecto supone la inclusión de las mujeres en la agenda de la política. Estamos hablando de contemplar el principio de paridad y las acciones positivas para conseguir una igualdad laboral, social y política.

La democracia entendida como ejercicio pleno de derechos políticos y como presencia en el espacio público está vinculada a relaciones de fuerza y de dominación. La posibilidad de que los sujetos sean escuchados en igualdad de condiciones lleva a que ciudadanos y ciudadanas disfruten del mismo nivel de igualdad, y esto significa incluir las razones privadas y el mundo doméstico.

Mientras que las mujeres no ocupen de igual forma que los varones las instituciones democráticas, éstas no tienen legitimidad porque transfieren las relaciones de poder del ámbito privado. Además, cuando son instituciones, como la escuela, donde se construye la ciudadanía y las competencias y el conocimiento para participar plenamente en la sociedad, esta falta de legitimidad sirve de modelo para una educación corrupta y represiva.

Esto plantea la necesidad de *la democracia paritaria*. Para reconocer las identidades de las mujeres en un modelo común de ciudadanía tienen que ser iguales en todas las esferas. Por democracia paritaria entendemos una participación equilibrada entre hombres y mujeres en los órganos de decisión. En los lugares donde se adoptan las decisiones, la composición de los miembros de uno u otro sexo no debe ser ni más de un 60%, ni menos de un 40%[17].

La acción positiva (affirmative action) o discriminación positiva es uno de los instrumentos para conseguir la igualdad entre los sexos. Son medidas temporales que pretenden cambiar los hábitos sociales que conducen a prácticas discriminatorias. Se dirigen prioritariamente a tres grandes áreas: la laboral, la educativa y la de participación política. Para quienes se oponen a estas políticas, la igualdad de oportunidades nunca debe entorpecer la libre concurrencia ni la elección individual, desde una mentalidad liberal clásica y meritocrática. Pero es el mantenimiento de desigualdades, no justificadas, el que lleva a un principio de diferencia que no permite una mayor igualdad. Por ejemplo, la contratación de personas se suele hacer promocionando a la más afín antes que a la más cualificada, con un ánimo de perpetuar en las instituciones las actitudes, atributos y formas de actuación de quienes

---

17. Aunque veremos que otras autoras y políticas plantean la paridad al 50%.

efectúan la selección. La única forma de alterar este sistema es la acción positiva (Osborne, 1995).

Puesto que las mujeres no son peores ni mejores que los hombres (en su conjunto), sólo tienen menos oportunidades, las acciones positivas pretenden que éstas alcancen la misma representación y poder que los hombres. Ello sirve de legitimación para cualquier Estado democrático.

c) El pacto entre mujeres

En tercer lugar, y mientras no se consiga una igualdad en el poder, será necesario que las mujeres constituyamos lo que Maite Gallego (1998) ha denominado una "minoría consistente", que radica en crear una cultura del pacto entre las mujeres en torno a objetivos emancipatorios.

"Creo que de un modo básico y práctico hablar de ciudadanía plena quiere decir que una sociedad democrática no puede permitir la exclusión de ninguno de sus miembros. Y esto es especialmente relevante para las mujeres, ya que no ha de haber exclusiones de clase, raza o cultura y desde luego no puede haber exclusiones de género. Para ello es necesario poner en práctica diversas estrategias que den lugar a recursos de poder para las mujeres, en el sentido de que cada vez más mujeres individualmente logren autonomía y capacidad de decisión (agency), pero también que como grupo puedan influir o decidir medidas favorables a todas las mujeres. Mi intención es poner énfasis en los aspectos más políticos de la ciudadanía de las mujeres, sin excluir la importancia de otros" (Gallego, 1998:89).

Maite Gallego nos introduce hacia la idea de pacto entre mujeres. La sororidad o el pacto entre mujeres es, en palabras de Luisa Posada (1995), la "otra cara" de la "hermandad de los iguales" o "fraternidad".

El patriarcado se legitima a partir de pactos entre los varones, a través de los cuales excluyen a las mujeres de la ciudadanía y de la misma humanidad al subordinarlas a ellos. Las mujeres son estructuradas a partir de la diferencia entre los sexos, y esto para Amelia Valcárcel (1991) implica saberse un ser designado desde fuera, por las conceptualizaciones, los valores y los catálogos de virtudes diseñados por otros. Las mujeres son ubicadas en el entramado social para cubrir los espacios que dejan al descubierto la vida articulada a partir del pacto entre varones. Lo que hemos denominado en otra parte[18] "espacio de las idénticas" (siguiendo a Amorós, 1995).

Frente a esta determinación, la *sororidad*[19] es "irse poniendo al lado de la otra (y no del otro del hermano) para cuestionar y modificar su puesto

---

18. *Vid.* Supra, p. 34.
19. Este concepto es introducido por las feministas italianas. Su raíz viene del latín "sororal", que significa perteneciente o relativo a la hermana. Elena Simón (2002) cree que una readaptación adecuada a nuestra lengua sería denominarlo "soridad".

de relegación diseñado por el dominio patriarcal" (Posada, 1995:340). Son instrumentos a través de los cuales las mujeres reconocen a otras mujeres como ciudadanas. En los países nórdicos, son los pactos entre mujeres los que han posibilitado que éstas tengan una participación en la vida política mucho más amplia que en otros Estados[20].

Estos pactos son un instrumento para cambiar los hábitos sociales que finalmente requieren de la solidaridad entre hombres y mujeres para que el trabajo no remunerado no siga recayendo en las mujeres de forma que reduzca su tiempo y su categoría económica (Hernes, 1990, en Posada, 1995)[21].

---

20. Véase Äs (1990).
21. Como nos muestra esta autora, a pesar de la alta representación política de mujeres en estos países, cerca de tres cuartas partes de las personas que reciben las pensiones más bajas en Suecia y Noruega son mujeres.

Capítulo III

Educación para la igualdad y educación ciudadana

La igualdad es un concepto a la vez universal y excluyente. Es un concepto que se amplía cada vez que descubrimos una nueva desigualdad. El hecho de que nos reconozcamos como iguales a otros (isónomos) también significa que negamos al resto.

A la hora de fijar las características universales de lo que es, a nuestro entender, la educación para la igualdad, podemos recordar los tres criterios que planteaba Bobbio (1995) para dar contenido a este concepto relacional comparativo. Recordemos que para este autor es un concepto vacío que debemos definir con respecto a: los sujetos a los que queremos igualar, los bienes que queremos repartir y los criterios por los que repartimos los bienes.

En primer lugar, veamos cuáles son los sujetos a los que queremos igualar. La escuela actual amplía el reconocimiento sobre las desigualdades de clase tradicionales a los múltiples ejes de desigualdad que se han reivindicado en los últimos tiempos; a las desigualdades procedentes de diferentes estratos sociales añade las de etnia y colectivos culturales y, por supuesto, las desigualdades entre sexos. La escuela debe ser un espacio preferente de inclusión social y reconocimiento de colectivos oprimidos. Esto implica plantearse, como no ha hecho con anterioridad, la valoración de todos las personas con independencia de su procedencia, raza y sexo, y nuevas lógicas de interrelación basadas en el respeto y la tolerancia. Además, está cubriendo, actualmente, espacios de la vida familiar que han dejado de ser cubiertos por las mujeres, por su incorporación al mundo laboral, siendo un servicio social privilegiado de protección de los menores al tener como objetivo principal el educativo. Quizás deba plantearse ampliar los tiempos de estancia, como consecuencia de las incompatibilidades que sigue habiendo en nuestra sociedad entre las esferas familiares y profesionales[1].

---

1. También sería deseable que las esferas profesionales estuvieran supeditadas a los ciclos de vida y no a la economía.

El tema de compaginar las desigualdades de los colectivos culturales con las desigualdades de género y clase es complejo y problemático, porque es necesario reconocer a todas las culturas, pero sin que esto signifique una reificación de las mismas o un desplazamiento de la preocupación social por las injusticias económicas. Todas las culturas no son equiparables, y no debemos respetar y tolerar símbolos que son opresores. Como plantea Cruz (1995), "después del shador viene la cruz". En este caso, símbolos que son opresores, sobre todo para las mujeres. Esto puede tener consecuencias que van en contra de los derechos humanos. El eje de la desigualdad no se plantea sólo desde el modelo cultural, también desde el modelo económico y el modelo de género. En cualquier caso, los sujetos a los cuales queremos igualar nos lleva a reflexionar sobre *la igualdad entre culturas, clases sociales y géneros.*

En segundo lugar, nos planteamos la igualdad con respecto a los bienes que repartimos. En educación podríamos considerar como recursos a distribuir la cantidad y el tipo de educación. Estaría relacionado con lo que Guttman (2001) denomina el umbral mínimo de la educación para la ciudadanía. Este umbral de la educación democrática expresa los niveles y calidad educativa en los que se compromete un Estado para educar a todos los niños y niñas para ser ciudadanos partiendo de las diferencias que los separan por razones de género, raza y riqueza. Cuando nos planteamos los contenidos de esta educación debemos hacerlo pensando en aquellos que son interesantes para prepararlos a mejorar su vida, a través de una reproducción social consciente, y a valorar y respetar la vida de los demás. No se le puede negar a ningún ciudadano y ciudadana una educación de calidad que le proporcione herramientas conceptuales para su autodeterminación, a la vez que le permitan participar activa y responsablemente en su sociedad. Este perfeccionamiento de nuestra vida a través de la formación tendría dos dimensiones:

- El acceso a la información de forma crítica o consciente, para no convertirnos en reproductores/as del orden existente y conseguir que tengamos un criterio informado. La llamamos igualdad como liberación, y tiene como objetivo el desarrollo de la *autonomía.*
- La formación como ciudadanos y ciudadanas que valoran y respetan a los demás y pueden participar en la consecución del bien colectivo. La llamamos igualdad de trato, y tiene como objetivo el desarrollo de la *solidaridad.*

Como nos dice Linda Darling-Hammond (2001), una educación de calidad ha de perseguir dos propósitos fundamentales: la formación de una inteligencia popular, una inteligencia rigurosa para todos, y la contribución a crear gente honesta.

Los bienes que repartimos nos llevan a plantearnos, en definitiva, el umbral mínimo de la educación para la ciudadanía.

Finalmente, nos planteamos los criterios por los que repartimos los bienes para conseguir y mantener la igualdad. Según la idea compleja de igualdad que plantea Walzer (1993)[2], la justicia no debe basarse en principios universales, abstractos y a-históricos, a través de los cuales establecemos cuál es la mejor distribución de un bien determinado. Cada bien se distribuye de acuerdo a su significado para la sociedad y la población que lo recibe y los acuerdos deben ser compartidos, no son sólo tarea de filósofos. Una distribución es justa o injusta de acuerdo a los bienes que están en juego. La justicia es, en este sentido, culturalmente relativa, propia de la esfera que estemos considerando: seguridad, salud, dinero, mercancías, trabajo, ocio, educación, poder político, etc., y propia de la época, experiencia y lugar histórico que estemos considerando.

Los principios generales que hemos planteado de no discriminación y no represión serán sólo el punto de partida para discutir la justicia, el bien general y las políticas públicas.

Los criterios por los que repartimos los bienes deben considerar: los posibles acuerdos compartidos que se establezcan sobre educación, qué piensa la gente, padres, sociedad... Y los criterios por los cuales desarrollamos la igualdad que estarán relacionados con quién tiene legitimidad para decidir en educación.

Tabla 2: El contenido de la educación para la ciudadanía.

Sujetos a los que queremos igualar	1. La igualdad entre culturas, clases sociales y géneros
Bienes que queremos repartir: educación a la que aspiramos	2. El umbral mínimo de la educación para conseguir la Autonomía y la Solidaridad
Criterios por los que repartimos los bienes: cómo podemos conseguirlo	3. Quién tiene legitimidad para decidir en educación

La igualdad entre culturas, clases sociales y géneros

A quién debe igualar la escuela es un tema que no tiene mucha discusión: a los colectivos que están actualmente desfavorecidos en nuestra sociedad y que –muchas investigaciones han demostrado– obtienen un menor beneficio de la misma, para formar parte de ella como ciudadanos libres. Es misión, por tanto, incluir los múltiples ejes de la desigualdad, los diferentes estratos sociales, las diversas etnias y colectivos culturales y por supuesto a los dife-

---

2. El planteamiento de Walzer también lo recogen Gargarella (1995) y Gonzalo y Requejo (1998).

rentes sexos³. La dificultad estriba en cómo articulamos a estos diferentes colectivos para conseguir reducir la desigualdad.

Actualmente, por tanto, el centro de la cuestión, más que a quién debe igualar, sería cómo los iguala y cómo debe representar la escuela a estos diferentes colectivos, clases sociales y géneros. ¿Su postura debe ser neutral?, ¿debe reconocer las diferentes identidades?, ¿hay alguna desigualdad que esté por encima de las demás?

Las desigualdades se generan con la apropiación por parte de un determinado colectivo de un status superior, que logrará con el tiempo cierta estabilidad y que deja a otro en una posición de bajo prestigio y reconocimiento social (siguiendo la idea de status de Weber). Esto también implica que las desigualdades cambian con el tiempo y que el concepto de igualdad es contextual y evolutivo.

Ante las desigualdades de status, los colectivos reclaman su reconocimiento, en cuanto a presencia, visibilidad e igual valoración, aunque, en ocasiones, las políticas de reconocimiento suelen esbozarse a partir de un modelo de identidad cultural en el que se realiza una afirmación de las diferencias. Estos modelos de identidad pueden ser problemáticos cuando las diferencias son reconocidas por encima incluso de derechos humanos o de ciertas garantías de convivencia. Es la aceptación de lo diferente sin cuestionar sus características y definición, y cerrando sus expectativas de futuro y de cambio. El reconocimiento de colectivos no debe ser sólo una suma de modelos culturales cerrados al debate externo, sino una interrelación que posibilite el entramado cultural y el debate cultural⁴.

Como decíamos anteriormente, no todas las culturas son equiparables, en cuanto a igualdad y a políticas democráticas. Sin embargo, los símbolos que representan una cultura y sus características definitorias no son fáciles de cuestionar. Por ejemplo, hay quienes pueden pensar que la prohibición de que alguien lleve un pañuelo en la cabeza (shador) o una cruz atenta contra su libertad individual. Otros pensarían que no podemos decidir voluntariamente⁵ y de forma libre ante relaciones sociales de dominación. El hecho de impedir su uso, además, puede originar rechazo y reacciones de hostilidad. Las investigaciones realizadas en Francia con chicas que usaban el pañuelo en la cabeza, demostraron que la gran mayoría querían integrarse en la

---

3. Somos conscientes de que el alumnado con dificultades especiales debe ser objeto de una atención especial, y algunos de ellos son además los más beneficiados directamente de un empleo de mayores recursos; sin embargo, su tratamiento excede nuestro tema.
4. Esta lucha contra-hegemónica por la representación cultural está presente en países como EE.UU., con una larga tradición de inmigrantes y colectivos con diversas creencias religiosas, étnicas o culturales.
5. Aunque la voluntad es un concepto que no se crea en la opresión y que como cualquier característica individual está en parte determinada.

cultura occidental a través de la escuela pero conservando o reivindicando una identidad propia (Touraine, 2002).

Aunque tampoco una colectividad puede conducir a sus miembros con prácticas de dominación porque desarrollaríamos un comunitarismo mal entendido.

> "En el comunitarismo, lo más peligroso es sustituir el análisis directo de las relaciones sociales, en particular de desigualdad y de dominación, por la invocación a verdades comunitarias que no tienen ninguna existencia objetiva" (Touraine, 2002:115).

Frente a estas propuestas de definición autónoma de colectivos, el principio de igualdad aglutina lo que debe ser común a todos ellos (los derechos humanos) por encima de las diferencias individuales, que se cierran a la discusión y al cambio. La igualdad quiere conseguir un status equivalente entre colectivos y luchar contra los peligros de reificación cultural y desigualdad en la redistribución económica. Aquellos que ven en la igualdad un principio de asimilación están olvidando que para que exista una verdadera interculturalidad (no una multiculturalidad racista) es necesaria una simetría en el diálogo y una relación entre iguales (Carbonell, 1997). Si cerramos las culturas y las diferencias de tal forma que sólo sean definidas por sus participantes (o por la hegemonía interna de estos) debiendo tolerar y respetar su modelo de identidad, probablemente estemos provocando el oscurantismo intercultural y la opresión intracultural, o dicho con otras palabras, el racismo y las desigualdades. No podemos educar a cada individuo en una cultura diferente, cuando nuestros sistemas de producción y de consumo, de salario y de trabajo son comunes.

Los conflictos entre derechos humanos e identidad cultural, igualdad y diversidad, vienen en muchas ocasiones por conflictos acerca del reconocimiento de determinadas culturas. Jurjo Torres Santomé (2001) piensa que no todas las culturas son equivalentes y en algunos casos oprimen a sus propios miembros, a la vez que construyen su identidad excluyendo al otro.

> "...no podemos olvidar que hay estilos de vida y comunidades que mantienen tradiciones y ritos que atentan profundamente contra derechos tan básicos como los derechos humanos y que se perpetúan y arraigan, porque no se acostumbran a someter a análisis ni a debate en situaciones de igualdad y libertad" (Torres Santomé, 2001:75).

Uno de los problemas que se plantea hoy día es cómo articular los intereses de minorías étnicas con los de colectivos de mujeres. Las identidades colectivas sirven para reforzar el separatismo, el conformismo y la intolerancia más que para promover la interacción entre diferencias. Y contribuye a que, en ocasiones, estos grupos se caractericen por la falta de libertad, porque la identidad de grupo simplificada niega la complejidad de la vida de las personas (Fraser, 2000b). Además las propias instituciones son las que enfrentan a unos ciudadanos con otros cuando sus normas plantean valores que no los reconocen en pie de igualdad.

La preocupación porque se articulen diferentes desigualdades, que tienen su origen sobre todo en diferencias culturales (o diferencias en estilos de vida, como consideraría Weber, 1985), también crea cierto temor a que se desplace el centro de interés y no se considere la desigualdad en la distribución de bienes y recursos desiguales.

Para articular la justicia social entre los sujetos a los que queremos igualar, Nancy Fraser (2000a y 2000b) utiliza la distinción que realiza Weber entre clase y status en la búsqueda de un modelo que englobe tanto la desigual distribución económica como la falta de reconocimiento de una determinada cultura[6].

Según Weber, *las clases* están determinadas por el orden económico, por la relación que tienen las personas con el mercado, en la posesión de bienes y oportunidades de ingresos. La forma en que se distribuyen y emplean los bienes y servicios económicos excluirá a los desposeídos de la competencia por bienes sumamente apreciados.

Los *grupos de status* están determinados por el orden social, donde el honor social y el prestigio constituyen la base. El status viene determinado por privilegios positivos o negativos en la consideración social[7]. Pueden ser hereditarios y se dan unas formas (estilos) de vida determinados.

Las clases y los grupos de status se condicionan mutuamente, aunque no se puede decir que sean determinantes. La posesión de dinero y cualidad de empresario no tiene por qué conducir a un determinado status, aunque lo puede hacer; la carencia de patrimonio tampoco es en sí una descalificación estamental aunque puede conducir a ella. El reconocimiento entre colectivos debe fijarse en el status para que todos adquieran una posición equivalente, y no en la identidad.

Los modelos de reconocimiento que se fundamentan en la identidad y no en el status se centran en modelos culturales que tienen una menor preocupación por las desigualdades económicas y problemas en la reificación de culturas que entran en enfrentamientos con otras.

La justicia social según Fraser (2000b) abarca, al menos, dos dimensiones, a las cuales nosotros agregamos una tercera (también amparada en Weber):

---

6. Weber (1984, 1985) cuando plantea la distribución del poder en la sociedad considera que hay clases, grupos de status y partidos.
7. Se funda en formas de vida, en maneras formales de educación y en prestigios hereditarios o profesionales. Aunque el status es una cuestión de estratificación por usurpación, finalmente se interioriza y alcanza estabilidad.

1) Una dimensión de reconocimiento, que se articula sobre el status (no la identidad) y la valoración que realizan las instituciones sobre mujeres, razas y colectivos.
2) Una dimensión de redistribución económica, que se articula sobre la clase, entendida como relación con el mercado y no con los bienes de producción (como plantearía Marx).
3) Una tercera dimensión será la inclusión política[8], que se articula sobre las relaciones de poder que se establecen en la vida de la comunidad. La entendemos como inclusión, tanto del ámbito público, del gobierno en la vida comunitaria, como del ámbito privado, del gobierno en la vida familiar. Estos ámbitos se encuentran interrelacionados porque existe transferencia en las relaciones de dominación en los mismos[9].

Para esta autora la opresión proviene de la desigual redistribución de recursos y de la desigualdad en las relaciones de poder como consecuencia de la falta de reconocimiento. Las injusticias de distribución y las injusticias de reconocimiento abarcarían un continuo que va desde la opresión material a la opresión cultural. Una y otra están fuertemente relacionadas, aunque los distintos colectivos se sitúan en distinta posición con respecto al eje central[10].

Por ejemplo, para Fraser (2000a) las luchas feministas se articulan como ofensas económicas y culturales. Los principales oponentes del feminismo son las fuerzas conservadoras de carácter cultural y religioso, cuya obsesión es el status, aunque el capitalismo se ha organizado para beneficiarse de la situación subordinada de las mujeres.

En todo caso, la defensa de un modelo economicista sobre un modelo cultural, o la defensa de un modelo cultural sobre un modelo economicista, no sería completa, más aún cuando sabemos la enorme relación que guardan el status y la clase con la justicia social.

Para abarcar estas dos formas de lucha contra la desigualdad, esta autora propone lo que ella denomina el "modelo de status" (Fraser, 2000a y 2000b). Este modelo es más amplio que el modelo de identidad, pues entiende que el reconocimiento y las condiciones económicas se interpenetran y refuerzan. Aunque los modelos de valor cultural no dictan la relación con el mercado ni las desigualdades económicas, reflejan simplemente las jerarquías de status.

---

8. Weber, en su clasificación, establece como tercera dimensión a los partidos políticos, que se orientan hacia la adquisición de poder social sobre las acciones comunales.

9. A las mujeres se les permite el acceso a la educación y al trabajo pero no a la independencia, a la sexualidad y al ámbito público político.

10. Para Fraser, mientras que las luchas de clase y raza se conciben en términos predominantemente económicos, la lucha feminista se articula como ofensas económicas y ofensas culturales. El antiheterosexismo será sobre todo una ofensa cultural.

Estas dos dimensiones consideradas simultáneamente se aproximan bastante a las causas que originan la desigualdad.

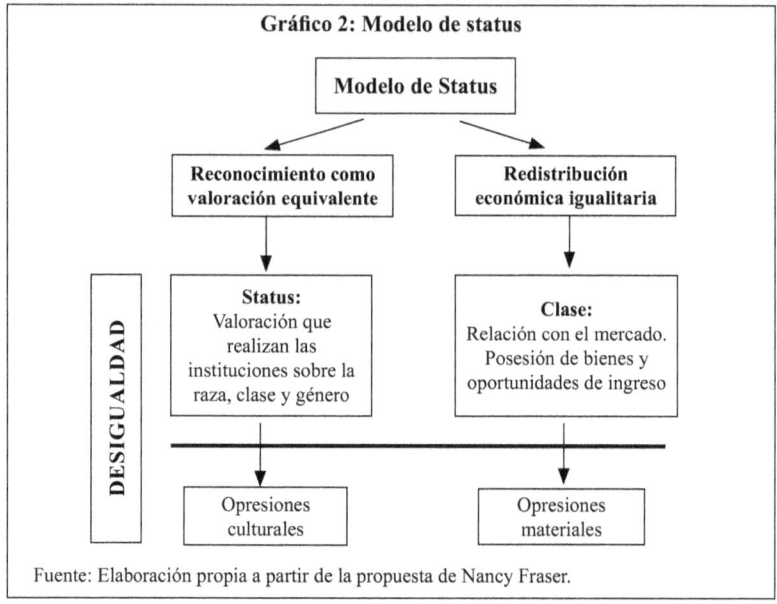

Fuente: Elaboración propia a partir de la propuesta de Nancy Fraser.

A partir del reconocimiento como valoración equivalente de cualquier actor y actriz que posibilita su participación en un plano de igualdad, reemplazando los modelos de valor institucionalizados (no reconociendo una identidad colectiva) y de una distribución económica igualitaria, nos acercamos a un modo global para afrontar la injusticia.

La subordinación de determinados modelos culturales por falta de reconocimiento o por un reconocimiento inadecuado ("misrecognition") no afecta de una forma independiente a la clase, sino que, con mucha frecuencia, están vinculados a la justicia distributiva. Este modelo de status evita el problema del desplazamiento de la igualdad económica y evita reificar las identidades de grupo, posibilitando la transformación histórica e introduciendo procesos democráticos de argumentación pública sobre los modelos de valor de las instituciones. Los modelos de identidad no están abiertos a la discusión fuera de los propios colectivos que la reclaman, con lo cual se muestran cerrados y ejercen una presión moral sobre sus miembros individuales para que se ajusten a la cultura del grupo. Alientan al comunitarismo represivo.

En relación a las desigualdades que sufren las mujeres, además de considerar el modelo de status creemos que su subordinación es distinta y se vincula no sólo a opresiones culturales y económicas, sino a opresiones en las relaciones de poder. Las mujeres son mucho más que un colectivo minoritario, y su igualdad significa una pérdida de privilegios de los varones en las relaciones de poder, además de en el status. Su reconocimiento pasa por recomponer las relaciones de poder establecidas en la sociedad, en todas las clases, en todos los colectivos y en los ámbitos público y privado. Las mujeres no son sólo una categoría social, y este es un hecho diferencial.

Al igual que el status y la clase social, las relaciones de poder interactúan con las anteriores. Las relaciones de poder son las que sitúan a las mujeres en desventajas económicas por la asignación, aún mayoritaria, del trabajo doméstico y del cuidado de los demás. El trabajo reproductivo reduce el profesional y las posibilidades de tiempo de las mujeres, y con ello ven reducida su categoría económica y social.

Las funciones reproductoras y su escaso valor social son las que sitúan en un status diferenciado a las mujeres y a todo el trabajo que tiene que ver con la vida privada[11]. ¿Pueden existir mujeres con un claro poder económico y con baja consideración social? ¿Mujeres con poder político y con un bajo status? Ni la economía, ni el status, ni las relaciones de poder pueden explicar todas las desigualdades, pero tienen una clara influencia. Las relaciones de poder, en este caso, aunque no sean la única esfera de desigualdad, tienen una influencia decisiva para la vida de las mujeres.

Para que las mujeres sean escuchadas en igualdad es necesario que ocupen de igual forma que los varones las instituciones democráticas. De esta forma las instituciones adquieren legitimidad y las relaciones de poder se transfieren del ámbito público al doméstico (y viceversa).

En la escuela esta legitimidad es aún más necesaria porque en ella construimos las competencias y el conocimiento para participar en la democracia.

---

11. Las mujeres sometidas en su ámbito familiar pierden su autoestima para ser reconocidas en cualquier otro espacio. Los niños y niñas, cuando reciben modelos sociales en los que las mujeres no tienen poder en el ámbito público, no pueden reconocer a las mujeres, en general, con una categoría igual que a los varones.

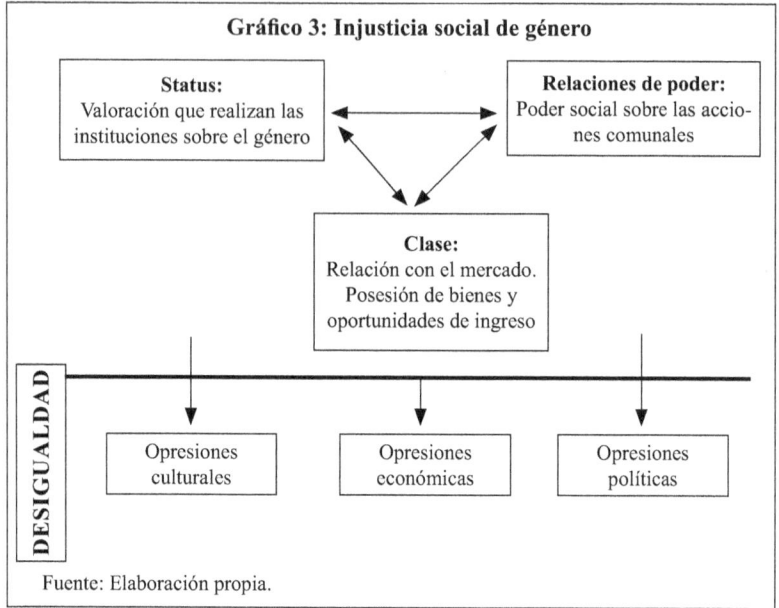

Fuente: Elaboración propia.

Los colectivos feministas que reclaman la universalidad y la igualdad no quieren que las mujeres sean una categoría social diferencial (no pueden reclamar un modelo de identidad), no representan a un colectivo con unas características propias. La reivindicación de una ampliación del concepto de igualdad para que sea más universal y menos excluyente, las lleva a reclamar que el individuo abstracto sea concebido en tanto que portador de dos sexos (Scott, 2000).

Las mujeres no constituyen una comunidad como lo puedan ser etnias, clases y comunidades religiosas. Esto quiere decir que las mujeres no representan mejor las opiniones de otras mujeres por el hecho de serlo, porque no tienen intereses e identidades específicas como colectivo. Los únicos intereses que unen a las mujeres es su lucha por la liberación.

> "Es pernicioso situar a las mujeres en el mismo plano que una clase o una categoría social, que una comunidad religiosa o étnica. Las mujeres no son una minoría. Están por todas partes, en todas las clases y en todas las categorías sociales... Las mujeres no son ni un grupo ni un lobby. Constituyen la mitad del pueblo soberano, la mitad de la especie humana" (Gaspard, Servan-Schreiber y Le Gall, en Scott, 2000).

La opresión de las mujeres atraviesa todas las clases y categorías sociales, por lo que su igualdad, en cuanto a que constituyen la mitad de la humanidad, es prioritaria. Un indicador del progreso de un país es el acceso de mujeres a la educación y al trabajo. Cuando las mujeres acceden a la educación el índice de natalidad baja, también la pobreza, también el futuro de esa sociedad.

La lucha por la paridad[12], en política, es un acercamiento a la "universalidad ideal" (Balibar, en Scott, 2000). La paridad reconoce la identidad de ser mujer, para acto seguido negar la importancia de dicha identidad a fin de conseguir la integración política. Significa no considerar al sexo relevante para la participación política[13].

Si olvidamos la identidad construida socialmente sobre las mujeres en nombre de la neutralidad universal (y masculina), la exclusión se justifica en las diferentes expectativas y relaciones de poder que se han desarrollado entre estos colectivos.

Con estos argumentos, aunque parezcan paradójicos, se está defendiendo una legitimidad política para las mujeres, porque una vez creada su identidad como opuesta al varón y subordinada, para desmontarla debemos partir de ella misma.

Las mujeres, al no constituir una comunidad, no están luchando por conseguir unos derechos específicos para ellas como grupo, sino que plantean una reivindicación de justicia social universal, en cuanto a redistribución de recursos y reestructuración de las relaciones de poder, que reconstruyen el status de ellas y de los varones, aunque no sean equiparables ambos.

---

12. Para Scott, Clan de Servan-Schreiber y otras políticas francesas, la paridad significa la representación política al 50%. Anteriormente he considerado que la paridad se alcanzaba en una proporción 60%-40%. Véase, en el capítulo II, el apartado "La democracia como liberación".

13. En el capítulo II, apartado "La democracia como liberación", argumentamos que es necesaria una concepción de la ciudadanía en la que la diferencia sexual sea algo no pertinente. Para ello seguíamos a autoras como Benhabib (1996), Chantal Mouffe (1996), Alisa del Re (1998). Estas dos primeras autoras proponen una nueva síntesis superadora de las políticas de identidad, en solidaridades colectivas con identidades pluralmente constituidas.

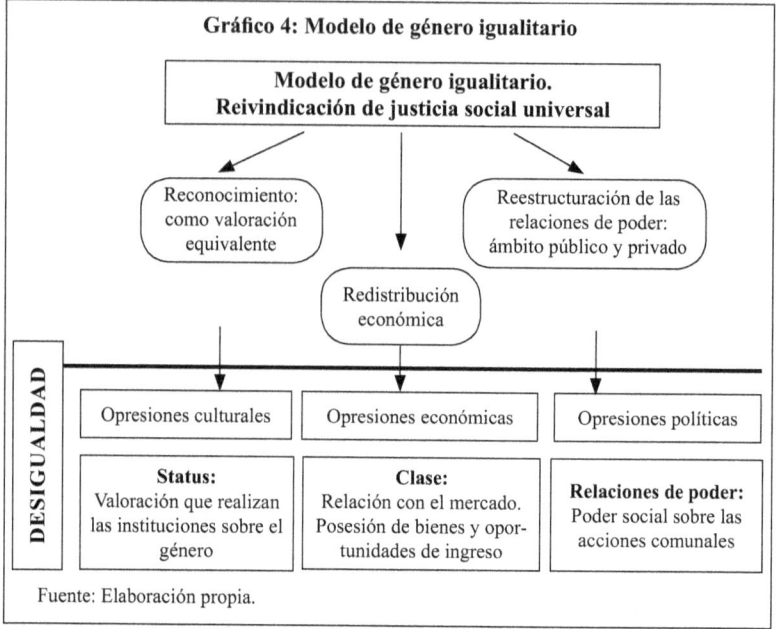

Gráfico 4: Modelo de género igualitario

Fuente: Elaboración propia.

El reconocimiento como valoración equivalente significa tener en cuenta el sexo. Las relaciones de poder en el ámbito público significan el reconocimiento de la legitimidad política de las mujeres (paridad).

Ello implica unir las esferas privada y pública, o dicho de otra forma, incluir la vida privada en la agenda de la ciudadanía. La justicia social se desarrolla a través de derechos sociales y derechos de la vida diaria. Los tiempos de la producción y de la reproducción deben ser compartidos e igualmente valorados[14].

Esto significa, por ejemplo en educación, que las mujeres no son mejores gestoras y directoras de centros; significa que sus cualidades y sensibilidades no son superiores a las de los hombres para acometer el poder y la política. La diferencia sexual no crea una humanidad diferente. Las mujeres sólo se parecen entre ellas, más que a los hombres, como consecuencia de sus relaciones de subordinación y opresión.

Como indica Clau de Servan-Schreiber, esto quiere decir también que:

"La lucha por la paridad (igual representación política de hombres y de mujeres) se refiere al reconocimiento de la legitimidad política de las

---

14. Showstack Sasson (1998) y Alisa del Re (1998) defienden la ciudadanía en este sentido. Véase Capítulo II, apartado "La democracia como liberación".

mujeres, y esto no tiene nada que ver con su filiación de partido" (en Scott, 2000:108).

Ni tampoco tiene que ver con las críticas de mujeres, mujeres feministas y hombres por el hecho de restar importancia a la necesidad de dar votos a posiciones políticas fundamentales para las mujeres.

La política se mueve hacia objetivos y éstos son tanto causales (programáticos y de contenidos) como personales. Abrir el espacio a las mujeres a la política no cambia, al menos en principio, los objetivos causales de un partido, pero sí los personales. La organización de los partidos es muy autoritaria y los objetivos personales de poder, entre varones, establecen unas redes muy estáticas de difícil variación. La legitimidad política sirve para crear mayor autonomía y capacidad de decisión en las mujeres individuales, sean cuales sean los contenidos de su programa político. Esto hace que las mujeres sean criticadas en el poder por no defender los derechos de otras mujeres como primer objetivo, lo cual nos parece una meta necesaria para un programa de cualquier partido que se pretenda democrático, pero no nos parece exigible por el simple hecho de ser mujer.

Otra cuestión es que las mujeres necesitan estrategias temporales para conseguir la reestructuración de las relaciones de poder como son:

- Las acciones positivas (affirmative action) que pretenden cambiar los hábitos sociales que conducen a prácticas discriminatorias (Osborne, 1995).
- Y la cultura del pacto entre mujeres, para conseguir una legitimidad política y valoración social que no esté dominada por varones (Gallego, 1998).

Para que las mujeres tengan un status equivalente en el sistema educativo necesitan que su representación en puestos de dirección y gestión sea equivalente a la de los varones. También se requiere una revisión de las relaciones entre sexos en el aula; en las relaciones sociales, en los contenidos y en el uso de los espacios. La imagen que reciben chicos y chicas es que las mujeres cuidan de los niños/as y los hombres cuidan de las mujeres, la misma imagen que reciben en el medio familiar y en los medios de comunicación. Esto contribuye a una educación opresora, con modelos femeninos que restan libertad a las chicas. Las instituciones educativas obtienen su legitimidad como instituciones democráticas cuando las mujeres ocupan de igual forma que los varones sus puestos de responsabilidad y esto se transfiere a la esfera de la vida privada. No se puede plantear para la construcción de la ciudadanía, el desarrollo de competencias y de conocimiento con un modelo de educación corrupta y represiva.

La sociedad se organiza en su conjunto para que las mujeres sean las que cuiden de los niños/as y ancianos. La escuela como espacio de inclusión social debe favorecer nuevas relaciones en el seno de las familias. Debe constituirse en un servicio que cubra los tiempos en que los adultos trabajan, porque el problema hoy día no es que los padres no quieran estar con los hijos, sino que la sociedad no ha articulado la vida profesional con la vida familiar y sigue pensando que son las mujeres, madres o abuelas las que cumplen estas necesidades. Este tipo de servicios requiere ampliaciones en la educación infantil, para que cubra todas las necesidades sociales de forma gratuita, y ampliaciones en los horarios escolares, que deben ser flexibles, de manera que cubran las necesidades de las familias en general y en especial de aquellas que tienen menos recursos[15]. Son las mujeres, con su reciente incorporación al trabajo, las que tienen, en este sentido, mayores dificultades para afrontar la carga de los hijos y de familiares mayores y/o enfermos, sin que las instituciones democráticas las apoyen con políticas de estabilidad familiar. Esto hace que, en ocasiones, deban decidir entre alternativas difíciles que restan esfuerzo a uno de los dos ámbitos de dedicación vital: el laboral y el doméstico, o impiden su realización personal en el mismo.

El umbral mínimo de la educación para la ciudadanía

El desarrollo de la igualdad en educación no busca su realización máxima, todos y todas alcanzando el máximo de educación posible, porque significaría restar recursos que son necesarios para otras políticas sociales, y porque podría significar una intromisión del Estado en las decisiones de familias y ciudadanos/as. Pero sí debe garantizar un umbral mínimo que posibilite el desarrollo de las capacidades que forman al ciudadano y ciudadana democrático y le permiten su participación en la sociedad haciendo uso de una libertad responsable (Guttman, 2001). Esto significa equilibrar la intromisión gubernamental con la libertad personal (para Hunter, 1998) para que el umbral educativo garantice las posibilidades de desarrollo sin limitar las elecciones. Estaríamos decidiendo sobre cuánta educación y qué tipo de educación debería facilitar el Estado para sus jóvenes como derecho primero, aunque luego hubiera apoyos y recursos para una educación superior de carácter voluntario, para poblaciones con necesidades económicas. Una educación máxima para todos y todas también sería discriminatoria, pues beneficiaria con recursos extras a aquellos que menos los necesitan que son, normalmente, los que acceden a estas enseñanzas superiores.

Queda por discutir cuál es el umbral que deben establecer los sistemas democráticos para sus ciudadanos y ciudadanas, además de las posibilidades

---

15. En este sentido nos parece muy acertado el programa de la Junta de Andalucía de centros abiertos que tienen como objetivo conciliar la vida laboral y la vida familiar (30 de abril de 2002. Decreto 137/2002 de apoyo a las Familias Andaluzas. Orden 6 de mayo).

que deben contemplar para aquellas personas que quieran mayores cotas de formación.

El umbral de la educación igualitaria tampoco busca una realización deficiente, como la que proporciona la igualdad de oportunidades y que ha demostrado ser insuficiente. La igualdad de oportunidades constituye una igualdad mínima[16], que pone el énfasis en la igualdad de acceso y deja a la libre competencia y a la desigualdad económica y social la desigualdad de resultados. La legitimación del Estado es cada vez más la igualdad de oportunidades, y el escenario privilegiado de ésta es la educación o la capacitación para la competencia (Gómez Llorente, 2000).

La educación en nuestras sociedades se plantea con modelos universales (igual que la sanidad)[17] que cubren a todos los ciudadanos/as, aunque hasta un umbral determinado, a partir del cual basa su oferta en el criterio de necesidad social (modelo liberal-anglosajón). Pero España utiliza recursos insuficientes en comparación al resto de los países Europeos[18], de hecho aún necesita superar hándicaps educativos que arrastra de mucho tiempo atrás[19]. Esta falta de dotación presupuestaria hace que las plantillas de los centros sean escasas (con consecuencias negativas para flexibilización de grupos, la existencia de refuerzos dentro de las clases, etc.). Además la falta de recursos se hace sentir en temas tan importantes como la creación de buenas bibliotecas escolares, instalaciones y servicios adecuados y recursos educativos, para que con todo ello se desarrolle una educación de calidad.

Educar en la igualdad significa considerar a los colectivos que integran la escuela con los múltiples ejes de desigualdad que existen hoy día, y poner las condiciones para que no haya discriminación ni represión y todos y todas adquieran la posibilidad de formarse, tener conciencia, responsabilidad y poder disfrutar de la libertad[20].

---

16. Como comentábamos en el capítulo II, apartado "Condiciones máximas y mínimas de igualdad".
17. Modelo social-demócrata o de los países Nórdicos. Véase, en capítulo II, apartado "Tipos de democracias".
18. Ocupando el undécimo lugar entre los 15 países de la Unión Europea en gasto en educación, aunque el gasto público ha disminuido y el gasto privado ha aumentado entre los años 1992-1999 (véase informe de Gimeno Sacristán, 2002). Esta situación empieza a cambiar a partir del año 2006 con la entrada del gobierno socialista a nivel nacional (véase datos del Instituto Nacional de Evaluación).
19. Un 55% de la población española entre 25 y 34 años tiene el nivel de bachillerato, mientras que en los países de la OCDE el promedio es del 72%.
20. El concepto de exclusión social tiene un significado más amplio que el de pobreza y, abarcando a este anterior, podríamos definirlo como la imposibilidad de acceder a los mecanismos de desarrollo personal, inserción laboral e integración social que ofrece un país. Por ello cuando nos plantean que nuestro sistema educativo tiene un 25% de fracaso, de chicos y chicas que no acceden al título de secundaria, estamos hablando de un 25% de exclusión social.

Se opone a la diferencia que discrimina y lleva a la falta de libertad a determinados colectivos por pertenecer a una etnia no hegemónica o al sexo no patriarcal, y a la homogeneización que suprime la identidad y se convierte en asimilación.

Por otro lado, la educación en igualdad también significa asumir responsabilidad, no es sólo optar sin más, sino comprometernos con nuestra propia libertad.

La escuela creará las condiciones para que los ciudadanos y ciudadanas puedan autodeterminarse. Educación para todos y todas en igualdad de condiciones, de duración y equiparable en calidad en las etapas básicas (acceso, permanencia, trato, logro –umbral–)[21].

Pero esta función fundamental que tiene la escuela tiene que ir acompañada de políticas igualitarias en otras instituciones, como son la familia, mediáticas, laborales, políticas y económicas.

Según estos planteamientos, los bienes que distribuimos, el umbral mínimo de educación, implica partir de dos principios, ya establecidos por Guttman: la no discriminación y la no represión, que nos llevarían a establecer dos niveles de exigencia para una escuela democrática: la igualdad y la libertad, amparadas ambas en una justicia material y una justicia cultural y política[22].

La igualdad para el desarrollo de la solidaridad

El reto actual de la escuela es equilibrar las desigualdades sociales pero asumiendo que el sistema educativo por sí sólo no puede cambiar a la sociedad, sólo mejorar nuestra vida.

La posibilidad que ha brindado la educación de reunir a gente de diferente estrato, etnia y género es lo que ha permitido que en un momento dado se hagan evidentes las desigualdades de un modelo de educación homogéneo y se planteara la necesidad de buscar más allá de la simple igualdad de acceso. A partir de este momento es necesario plantear el principio de diferenciación que proponen Rawls y Dworkin en su teoría de la justicia (Gargarella, 1999), diferenciación para los más desfavorecidos hasta que puedan alcanzar un umbral necesario de igualdad. Este umbral vendrá definido por el criterio de que todas las personas tengan la posibilidad de participar como ciudadanos/as en la sociedad.

Sin embargo, este hecho significa abrir posibilidades a la libertad. El sentido de la educación es poner en las manos de las nuevas generaciones su oportunidad para crear. La diferenciación y la responsabilidad sobre el

---

21. Véase Gimeno Sacristán (2001).
22. Como hemos planteado en el apartado anterior.

umbral máximo de su formación depende del uso que estas generaciones otorguen a su libertad personal. El valor de la autonomía significa que las instituciones deben permitir que la vida de las personas dependa de lo que cada uno autónomamente elige y no de sus circunstancias.

Con esta consideración, y partiendo de que la función de la escuela es mejorar nuestra vida, debemos poner en una balanza qué ha conseguido la escuela y qué condiciones serían necesarias para cumplir, en primer lugar, con una igualdad niveladora.

1) Probablemente la escuela deba mejorar mucho y redefinir qué entiende por igualdad, pero el simple **acceso en igualdad** de condiciones para poblaciones diversas podemos considerarlo como un logro de la igualdad educativa.

La escuela ha sido la única que ha posibilitado que poblaciones de extracción diversa (con diferentes sexos, recursos y etnias) se sitúen bajo unos mismos espacios, contenidos y tareas.

Aunque la institución escolar en los Estados modernos se crea como una institución de masas, sólo ha alcanzado muy recientemente la universalidad abarcando a poblaciones más extensas, con menores niveles de recursos y llegando, por ejemplo, a las mujeres. Podemos decir que en ninguna época se ha extendido la educación a tal diversidad de colectivos como ahora (y por supuesto no en todos los países).

Como se recoge en el informe elaborado por el Instituto Andaluz de la Mujer (2001), las jóvenes andaluzas han tenido unas oportunidades muy diferentes a las de mujeres de generaciones anteriores. Entre las mujeres de 16 y 30 años, prácticamente la totalidad ha cursado estudios primarios o de mayor nivel, accediendo un porcentaje muy importante a estudios secundarios y universitarios. Esto contrasta con las generaciones de más de cincuenta años, de las que casi dos tercios de la población no habían completado ningún ciclo.

El *acceso de poblaciones diversas* a la escuela es una oportunidad única de conseguir la mezcla y combinación de diferencias de sexo, raza y nivel de riqueza. Sólo con estos ingredientes podemos educarnos en la tolerancia, en el respeto y en el conocimiento de otras formas de vida que no son como la nuestra. El pluralismo en las escuelas es bueno y permite una participación de diferentes grupos de los que podemos aprender a convivir. Sin embargo, no todas las escuelas tienen poblaciones diversas, sólo las públicas, y no todas las públicas[23].

También con ello ha demostrado la desigualdad y el elitismo con el que se presenta la cultura y las relaciones entre poder y conocimiento con que

---

23. Esto lo desarrollamos más detenidamente en el apartado "Enseñanza pública-enseñanza privada".

funcionan nuestras sociedades. A la escuela se la ha responsabilizado del cambio social en exclusiva, y al constatar a través de las investigaciones realizadas en la últimas décadas su labor reproductiva en el mantenimiento de las desigualdades, hemos sentido una gran decepción.

Esta primera característica igualitaria que debe cumplir todo sistema educativo (y que ya viene cumpliendo), no satisface del todo a parte de su público porque no es suficiente la mezcla y la diversidad.

2) Una escuela con poblaciones diversas requiere una igualdad en el tratamiento: **equidad**, que recordando el principio de Rawls de diferenciación, significa que no se puede tratar igual a los que son diferentes porque con ello acentuaríamos la desigualdad.

Las carencias que actualmente tiene la escuela pueden ser producto, como considera Jurjo Torres Santomé (2001), de una escuela que no ha revisado sus objetivos y que atiende actualmente a colectivos sociales que anteriormente no incluía:

"Es en este siglo cuando se pasa de la escuela para las élites, y que ayudaba a jerarquizar a la población, a la escuela para toda la población; pero este cambio tiene lugar sin las transformaciones necesarias en el modo de funcionar en estas instituciones para adecuarse a los nuevos objetivos de la escuela de masas" (Torres Santomé, 2001:39).

Toda esta población escolarizada plantea nuevas exigencias para la igualdad: la equidad, o como lo denomina Gimeno Sacristán (2001), una igualdad niveladora, que significa que los bienes los repartimos de acuerdo a dos principios: a) lo que hay para todos (igual distribución); b) lo que hay según necesidades (redistribución).

En el primer caso se establece una igualdad básica de acceso, de permanencia y de trato. Las ofertas educativas pueden ser diferentes siempre y cuando sean equivalentes y los alumnos dispongan de iguales oportunidades para acceder a las mismas (Gimeno Sacristán, 2001:50).

En el segundo caso entendemos que el trato igualitario justo no puede suponer tratar lo mismo a los que son diferentes. Esta igualdad niveladora significa la redistribución de bienes incluyendo un principio compensador sobre los sujetos y su entorno (Gimeno Sacristán, 2001).

La redistribución tiene que ver con una inversión adecuada y compensadora en educación que proporcione una enseñanza de calidad (Gimeno Sacristán, 2001 y Connell, 1997). Esta maximización puede ir más allá de la mejora de las escuelas, con el aumento de salario de los profesores, mayor inversión en investigación y desarrollo educacional, así como bienes-oportunidad, sin los cuales la educación no podría cumplir sus objetivos, o bienes culturales (Guttman, 2001:164).

Los programas de educación compensatoria se han desarrollado, normalmente, como políticas educativas parciales dentro del sistema educativo. Han tratado de cubrir, a través de apoyos económicos y materiales, a centros con problemas especiales para garantizar una mayor igualdad[24]. Esto se ha traducido en recursos adicionales a escuelas en situación de desventaja, a través de los antiguos programas de "compensatoria" y a los que siguieron los programas para centros de atención educativa preferente (CAEPS) y para zonas de atención educativa preferente (en poblaciones de más de 100.000 habitantes), y los actuales proyectos de compensatoria puestos en marcha en el año 2004[25].

Estos programas han puesto de manifiesto un reparto desigual de la población por zonas, en un modelo que al favorecer la cercanía del alumnado con el centro educativo reproduce las desigualdades existentes en los barrios de las ciudades y pueblos. En los centros que reúnen estas características, se hace necesario contar con recursos adicionales si no se establecen otras posibles vías de solución.

Sin embargo, no basta con ampliar los apoyos económicos y materiales, como indica Connell (1997); en este tipo de actuaciones muchas veces desligamos el cuánto (referido a la cantidad de educación distribuida) del qué (la clase de educación que se ofrece).

"El defecto que subyace en estas visiones de la justicia educativa es la indiferencia hacia la propia naturaleza de la educación. Porque la educación es un proceso social en el que el «cuánto» no se puede separar del «qué». Existe un nexo ineludible entre distribución y contenido" (Connell, 1997:27).

Con ello nos llama la atención sobre el hecho de que exigen un cambio en el currículo y en el tipo de pedagogía.

Para McCarthy (1994, cit. en Escofet *et al.*, 1998) los estudiantes varones, blancos y de clase media acceden a la escuela con evidentes ventajas que, a su vez, el curriculum y las prácticas escolares confirman y aumentan. Para este autor hay cuatro tipos de relaciones que rigen las interacciones asincrónicas de los actores escolares, pertenecientes a las mayorías y a las minorías: relaciones de competición (para el acceso a las instituciones educativas), relaciones de explotación (integración de los jóvenes en la fuerza laboral), relaciones de dominación (tanto en las relaciones y estructuras, como a través del control simbólico y de la legitimación procedente de un Estado racial y patriarcal) y relaciones de selección cultural (estrategias y reglas culturales de inclusión o exclusión o de pertenencia o no al grupo que determina los conocimientos que se integrarán en el curriculum).

---

24. También a través de becas han tratado de cubrir necesidades puntuales, como libros, transporte, etc...
25. Me estoy refiriendo a la Comunidad Autónoma Andaluza.

Las relaciones de género han sido estudiadas y analizadas, y se ha producido suficiente teoría que nos muestra cómo la institución educativa, en sus prácticas y contenidos, colabora en la producción del dominio del sexo masculino sobre el femenino. Hay unas estrechas relaciones entre conocimiento, identidad de género y poder. Sin embargo, sigue siendo un tema menos presente en el análisis crítico curricular, porque no se concibe la compleja dinámica que existe y que lo relaciona con las diferentes desigualdades.

El cambio que debe producirse en el curriculum y en el tipo de pedagogía no significa el rechazo del currículo general y la aceptación de currículos específicos, "la lógica del currículo oposicionista", como lo denomina Connell (1997:74 y ss.); porque este tipo de currículos ocasionan problemas de status y de jerarquías académicas: ¿A quién representan? ¿En qué status sitúan al alumnado? ¿Son integradores?

En la enseñanza ordinaria este tipo de currículos, cuando intentan representar a una minoría cultural, son rechazados por los grupos a los que intentan representar, bien porque no se sienten identificados con las características de sus propios colectivos, bien porque experimentan en ellas una nueva falta de reconocimiento y de status.

Anneliese Kramer-Dahl (1999) nos cuenta su experiencia en una asignatura de redacción básica, en la cual plantea un currículo alternativo para llegar al reconocimiento de la cultura de los grupos minoritarios de su clase (se apoya para ello en la pedagogía crítica). Quería que sus alumnos y alumnas, de orígenes diferentes, escribieran su "experiencia" y los conocimientos construidos en relación con la raza, el género, el idioma y la historia. Para ello partirán de textos de autores pertenecientes a minorías. La clase, sin embargo, resulta un desastre porque sus alumnos y alumnas reclamaban una base común y no una diferenciación y caracterización que prolongaría su marginación. Además el "saber potenciador", para algunos alumnos de inmigración reciente, suponía una amenaza a la estabilidad de su vida en el hogar y a su capacidad para adaptarse a la nueva cultura. Esta situación lleva a Annelise a reflexionar cómo, normalmente, son personas pertenecientes a culturas dominantes quienes defienden la diversidad obligatoria, en beneficio de los marginados. Los colectivos marginados suelen mostrarse reacios a aceptar tales desarrollos[26].

Provisionalmente, esta clase de currículos específicos pueden ser útiles, pero como medidas de tipo temporal y no en todos los casos. Pueden servir para recuperar determinados contenidos culturales que han sido apartados del currículo oficial para, en una segunda fase, incorporarlos al conocimiento

---

26. Un ejemplo de estos currículos parciales sería la propuesta realizada en California para introducir en su sistema educativo el argot del inglés americano que hablan los negros americanos. Propuesta que no es aceptada ni por la comunidad negra, ni por otras minorías. Véase Carbonell i Paris (1997:25). ¿Sabe usted qué es el "ebonix"?

escolar. Por ejemplo, los Estudios de las mujeres (Women Studies)[27] han conseguido ver el conocimiento y la cultura a través de una nueva óptica donde el centro del mundo no es sólo el varón blanco de clase media. Aunque aparezcan en asignaturas específicas y en estudios de tercer ciclo, están produciendo una serie de conocimientos que, cada vez en mayor medida, pueden plantearse en currículos comunes.

También las Escuelas Taller, en nuestro país, aparecen como currículos parciales y desvalorizados socialmente, pero que caracterizados por trabajos de tipo manual han dado posibilidades de integración social a poblaciones de chicos y chicas (sobre todo chicos) que ya habían sido rechazados por el sistema escolar. Lo mismo podríamos decir de los programas de garantía social[28].

Por último, Connell (1997) plantea el currículo contrahegemónico, que buscaría generalizar la idea igualitaria de la buena sociedad, a través del currículo general. En esta línea, las culturas o voces de los grupos sociales minoritarios o marginados, como son las mujeres, y que acostumbran a ser silenciadas o estereotipadas en la selección de la cultura que se transmite en las instituciones escolares (Torres Santomé, 1994) se generalizaría y no se apartaría de la disciplina tradicional (Connell, 1997).

La idea de la compensación estará en cada uno de los tres tipos de currículos y usará la educación como un instrumento para superar las causas naturales y ambientales de logros educacionales diferenciales. En la práctica esta intervención niveladora se debe equilibrar con ideales como la autonomía familiar para limitar la intervención del Estado. El umbral democrático debe establecer a través de la toma de decisiones, la cantidad de educación necesaria para que no se prive a ningún niño y niña de participar efectivamente en el sistema democrático. En este nivel la educación busca hacer frente a la desigualdad, por lo que no se pueden distribuir los recursos de acuerdo a principios meritocráticos.

Esto requiere que se invierta lo suficiente en educación para que se pueda alcanzar un nivel en el que los jóvenes estén formados para ser competentes y sean capaces de una participación política efectiva. La escuela no debe medir su éxito en función de los buenos empleos que consigan sus alumnas y alumnos sino por la capacidad para poder participar en la ciudadanía democrática, de tal forma que puedan decidir colectivamente sobre la manera de cambiar las instituciones, incluyendo las escuelas, para que amplíen su oportunidades de vida (Guttman, 2001).

---

27. También los Estudios sobre negros y Estudios sobre aborígenes en EE.UU.
28. Son enseñanzas para alumnos y alumnas que han fracasado en el sistema escolar ordinario. El problema es que olvidan, en ocasiones, las posibles salidas profesionales de estos chicos, siendo colectivos que necesitan integrarse materialmente en la sociedad.

3) Una tercera característica propia de una escuela igualitaria es **el desarrollo de la vida colectiva** por encima del aprendizaje individual. La adaptación y la integración en la vida social educándonos en grupo, a través de las relaciones con iguales y defendiendo unos intereses comunitarios por encima de intereses individuales serían la tercera característica de la igualdad de trato. Los padres, normalmente, tienen intereses particulares en sus hijos que están por encima de los intereses sociales y que sirven para fortalecer sus expectativas individuales. La misión de la escuela, por oposición a la misión de la familia, es el desarrollo de la vida colectiva para potenciar las expectativas sociales en la educación de ciudadanos y ciudadanas.

Como planteamos desde el principio, el objetivo de la escuela no es sólo mejorar al individuo, es también mejorar a la sociedad.

"Se atribuye a Montesquieu aquella magnífica declaración de principios que dice: «Si supiera de algo que me resultara útil pero que fuera perjudicial para mi familia, lo apartaría de mi mente. Si supiera de algo que resultara útil a mi familia pero que no lo fuera para mi patria, intentaría olvidarlo. Si supiera de algo que fuera útil para mi patria y que fuera perjudicial para Europa o para el género humano, lo consideraría un crimen»" (Carbonell, 1997:27).

El desarrollo de la vida colectiva pone en primer lugar la convivencia, las relaciones afectivo-sexuales y la construcción de las masculinidades y feminidades. Actualmente la violencia escolar es una conducta que expresa un modelo masculino hegemónico y es una forma de mantener o incrementar el poder, el poder como imposición, como falta de mediación en los conflictos.

Cuando la violencia escolar se estudia sin analizar el sexo de quién la ejerce y de quién la padece –en la mayoría de los casos, chicos–, se limita a tratarse como un problema individual y psicológico de conductas antisociales, como nos dice Nieves Blanco (2002).

Esta característica demanda una escuela que además de ser niveladora no debe potenciar el individualismo y los aprendizajes homogéneos que refuerzan la competencia.

Los principios de la homogeneización y normalización se oponen a la igualdad y a la justicia. Aparentemente se presentan como integradores pero se oponen a los dos niveles de justicia que tratamos de defender aquí.

Por un lado, a la igualdad, porque equiparan a colectivos sociales que no son iguales.

"La escuela como institución u organización moderna pretende ilustrar universalmente, pero es también «normalizadora» de comportamientos, pensamientos y rendimientos, en cierto modo de manera inevitable, en tanto tiene un proyecto que trata de extender a todos. (...) Aunque también hay que decir que se ha hecho de esa normalización un rasgo de la cultura escolar que la institución practica con una cierta obsesión, a veces patológica, hasta llegar a darle prioridad sobre su función en la extensión igualadora de la cultura" (Gimeno Sacristán, 2001:46).

Normaliza hacia unos contenidos hegemónicos que jerarquizan las diferencias sociales y, como consecuencia, excluyen a los colectivos más alejados de dicho modelo cultural, desafiando el principio igualatorio de la no discriminación. Se olvidan de los diferentes colectivos y esperan que todos los niños y niñas ofrezcan las mismas respuestas ante iguales objetivos. Esta educación normalizada se opone radicalmente a la solidaridad porque no parte del reconocimiento del otro/a distinto y no puede conectar con los intereses diferentes del alumnado.

Lo único que imponen la normalización y homogeneización es el ritmo de los mejores, de los que por status, raza, sexo y condición económica consiguen unos mejores resultados con la escuela. Clasifica alumnos y alumnas de una forma encubierta, pues no lo hace a través de la segregación externa (enseñanza pública y privada), o a través de la segregación interna (itinerarios según capacidades), sino a través del propio currículo, de los objetivos, contenidos y estrategias que han quedado asimiladas en la tradición escolar.

Por otro lado, esta normalización actúa en contra de la liberación del individuo y del logro de la Autonomía; en contra del individuo del pensamiento liberal y de sus características de singularidad, creatividad, etc.; y se opone a la deliberación curricular, que como veremos, es una de las principales características que educa a ciudadanos y ciudadanas con pensamiento propio.

Además la homogeneización del currículo es la base que fundamenta las agrupaciones que se realizan con los alumnos y alumnas por su rendimiento académico perjudicando el desarrollo de la vida colectiva. La segregación que se realiza externa e internamente a los centros educativos, las clasificaciones que separan al alumnado que es diverso, sólo buscan, una vez más, facilitar el mismo ritmo para todos los niños y niñas sin ser entorpecidos.

Nos olvidamos con este principio selectivo de que, como nos indica Walter,

"Los niños son, entre otras cosas, recursos adicionales mutuos" (en Guttman, 2001:198).

La igualdad, para poder ser niveladora, debe dar la oportunidad de que unos colectivos se vean compensados con el logro de objetivos educativos superiores, y todos con una mayor capacitación para el desarrollo de la vida colectiva; esto sólo se consigue a través de la integración.

"La integración en las escuelas es una de las cuestiones más urgentes, ya que la educación primaria tiene el potencial de mejorar las actitudes raciales de los estudiantes blancos junto con los logros educativos de los estudiantes negros" (Guttman, 2001:200-201).

Los informes y estudios defienden la integración como un hecho muy positivo, cuando se eliminan las marcas y se instituyen técnicas de trabajo cooperativo. La integración tiene problemas cuando no se realiza de forma completa y la diversidad de colectivos no consiguen un mismo status (Guttman, 2001). Esto ha llevado, en ocasiones, a que se defiendan, por ejemplo, escuelas segregadas temporalmente para las chicas para que consigan reforzar su autoestima antes de volver a las clases mixtas.

Integrar a diferentes colectivos para que las clasificaciones se sigan realizando de forma interna tampoco nos enseña a vivir de forma solidaria. Las mujeres vivimos con hombres, pero nuestras funciones y la valoración que se ha hecho de las mismas nos han relegado a un status inferior. La integración completa se consigue cuando los derechos sociales (justicia) y los derechos de la vida (cuidados) son iguales para todos y todas.

Un principio necesario de aceptación de lo diverso es su presencia y convivencia, pero debe de hacerse con ciertas estrategias que conduzcan a la solidaridad y no prolonguen en el tiempo los procesos de exclusión. Es por ello que pensamos que sin una integración completa no se beneficia a la diversidad, e incluso puede verse perjudicada, porque se refuerza su posición marginal.

La integración de las chicas en colegios mixtos ha significado un gran cambio en nuestra sociedad, porque se ha conseguido con la educación obligatoria que las chicas y mujeres alcancen unos niveles educativos nunca imaginados. Sin embargo, las desigualdades en currículos, espacios y socialización fuerzan a que ellas sigan aprendiendo su lugar subordinado en la sociedad y ellos su lugar preponderante. Sigue produciéndose una represión no discriminatoria (como nos dice Guttman, 2001), porque las chicas son reprimidas en su desarrollo, aunque no son discriminadas.

Otra forma de impedir el desarrollo de la vida colectiva y favorecer la homogeneización son los **itinerarios curriculares**, que planteó la "Ley de Calidad" de la educación, de la ministra de Educación Pilar del Castillo, del gobierno del Partido Popular, y que nunca llegaron a aplicarse por la victoria del socialismo en el año 2004. Los itinerarios se plantearon como una alternativa a la comprensividad, que admite la diversidad de las situaciones de origen e intenta alcanzar una cultura común para el alumnado. También es cierto que en nuestra cultura docente no están asimiladas las prácticas escolares que exigen la comprensividad y que implican estrategias de diversificación, con trabajos comunes y distintos niveles de conocimiento.

La Ley de Calidad planteó frente a la comprensividad el "sistema de oportunidades", donde se homogeneizan los grupos para que todo el alumnado alcance las mismas metas, tenga los mismos conocimientos y siga los mismos ritmos. Es una enseñanza selectiva y competitiva, similar a la que se realiza en países de nuestro entorno como el Reino Unido y Alemania.

El alumnado es segregado a edades tempranas destinando a los que tienen un rendimiento superior a estudios superiores y a otros a la formación profesional o al mundo del trabajo. Lo único que facilitan es que el alumnado se agrupe homogéneamente y puedan estudiar unos "casi" al mismo ritmo, con menos disrupciones y alteraciones, y otros, a ningún ritmo porque, desde años atrás, juntamos a todos los conflictivos en lugar de repartirlos.

Los "sistema de oportunidades", como el aquí expuesto, tienen un porcentaje de fracaso escolar mayor que los sistemas de comprensividad, como demuestran informes internacionales (PISA), lo que es lógico si pensamos que está basado en una enseñanza tradicional y competitiva.

Según el informe PISA (2008), países como Finlandia y la propia España muestran sistemas muy igualitarios, que ofrecen a todo su alumnado una calidad educativa similar, mientras que los países que clasifican a la población prematuramente como Alemania o el Reino Unido muestran muy poca equidad. En estos últimos los desniveles seguirán existiendo, lo cual significará un impedimento a la hora de evolucionar en sus datos sobre rendimientos escolares para toda la población.

A pesar de la legislación y las tendencias que muestran distintos países, todas las escuelas no son iguales ni educan para la ciudadanía de la misma forma. Hay malas y buenas escuelas, aunque ninguna pueda evitar la reproducción social de la riqueza. La buenas escuelas serían aquellas que ofrecen mayores oportunidades de mejorar en su vida a toda la población y cumplen con el principio de no discriminación, con una igualdad de trato.

Un esquema representativo de la igualdad de trato, que hemos ido exponiendo, sería el siguiente:

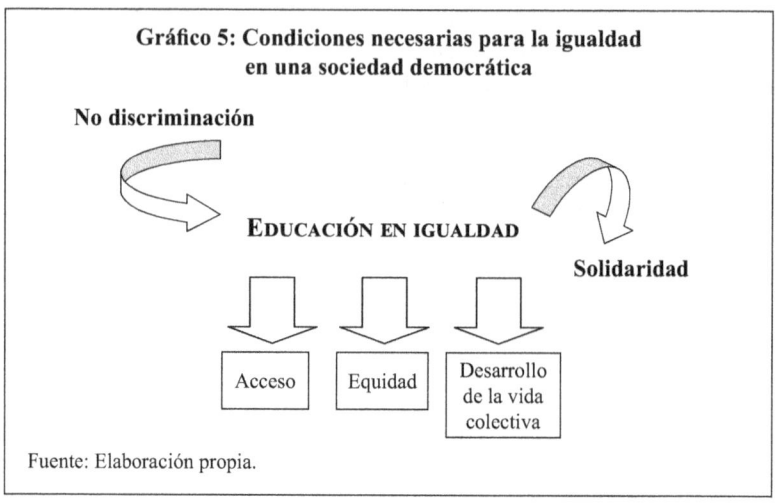

"Discriminar es dar un trato de inferioridad en una colectividad a ciertos miembros de ella, por motivos raciales, religiosos, políticos, etc." (Moliner, 1998:1011).

El principio de no discriminación nos llevaría al desarrollo del primer nivel de exigencia de una escuela que prepara a ciudadanos y ciudadanas y que implicaría dar a cada alumno y alumna según sus necesidades. A partir de esta igualdad se establecerían las condiciones necesarias para lo que Connell (1997) denomina Justicia social, y que se basaría en la igualdad de *Acceso* y la igualdad niveladora entendida como *equidad*. Para actuar de forma que integremos a sexos y colectivos diversos en las escuelas es necesario que las mismas se conformen como entornos donde se desarrolla *la vida colectiva*. Actuar bajo el principio de no discriminación significa actuar de una forma *solidaria*.

La solidaridad "significa alianza en el pacto, es el pacto de los pactos, el que se alcanza sin tener que pedir permiso ni excusas, pero sin arrollar" (Simón, 1999). Significa reconocer al diferente, que a partir de ese momento se convierte en un igual y ocupa el mismo status. La escuela necesita para ello que la sociedad reconozca las diferencias y no establezca jerarquías entre ellas, pero es la escuela también la que debe empezar a enseñar la solidaridad, a no realizar marcas y trabajar cooperativamente.

Como nos dice Elena Simón (1999), la solidaridad proviene del campo de la justicia y es la virtud cívica más social, nos inclinamos a favor de los otros por simpatía, no por empatía. La solidaridad para ser igualitaria debe ampliarse y contemplar no sólo derechos sociales sino también los derechos de la vida diaria. Las relaciones de dominación en la vida pública y en la vida privada son transferibles, y por ello es necesario unir el cuidado hacia los demás como solidaridad entre géneros.

El cuidado no se origina por solidaridad sino por responsabilidad, por afecto o por empatía, y se hace con una actitud de protección y sin esperar nada (op. cit.).

- La solidaridad, según Simón, tiene que ver con la amistad, los que no son iguales no son amigos, no se unen fraternalmente; y se construye en diferentes niveles, intragéneros, intergéneros y con otros colectivos culturales.
- La solidaridad entre las mujeres empieza a desarrollarse ahora cuando las mujeres han empezado a reconocerse mutuamente, aunque carezcamos de modelos.
- La solidaridad entre mujeres y varones tampoco ha existido porque las relaciones no han sido recíprocas, no hemos sido seres humanos equivalentes.

La falta de solidaridad entre diferentes partes del mundo está teniendo unas consecuencias catastróficas, y cuando decidimos hacer algo nuestra ayuda se traduce en caridad, que es una relación nada solidaria porque es unidireccional e inestable, hay desprecio e indiferencia. La solidaridad significa una actitud hacia los demás de respeto, colaboración, cooperación, amistad, simpatía y reconocimiento.

Beyer y Liston (2001) ven la democracia natural como unitaria porque se fundamenta en los sentimientos de amistad o solidaridad, que descansan en un conjunto de intereses comunes y en el respeto de todos los miembros del grupo.

La igualdad niveladora requiere que se ofrezca una enseñanza que sea equivalente y compensatoria, al menos la que es financiada con fondos públicos y que es de todos y todas. La existencia de la enseñanza privada origina una baja en la calidad de la pública, aunque constituya un derecho en un país democrático. Necesitamos una educación pública de calidad y competitiva que complazca a los diversos sectores sociales, para que no entre en competencia con la escuela privada.

Es difícil defender que la escuela deba mejorar a los ciudadanos y ciudadanas sin tener una relación directa con el mercado, cuando el mercado define nuestro status en la sociedad. Por ejemplo, las mujeres que no tienen una vinculación contractual con el mercado tienen una situación desigual, en cuanto a derechos sociales, en su jubilación.

La igualdad de acceso, la equidad y la vida colectiva son las características de una escuela solidaria que evita la discriminación. La escuela también debe buscar caminos que faciliten el ingreso en el mundo laboral a aquellos colectivos que ya han sido rechazados del sistema ordinario porque no consiguen el umbral mínimo educativo: alumnado con dificultades psíquicas, físicas, etc., con situaciones familiares conflictivas...

No se puede alcanzar la libertad, que vamos a describir seguidamente, sin unas condiciones de igualdad que la hagan posible. Es imprescindible que tengamos un acceso en igualdad de condiciones y una diversidad de alumnado (cumpliendo el principio de no discriminación) para poder alcanzar la autonomía y la liberación. Si no, la autonomía la alcanzaremos dentro de una élite, el reconocimiento será entre iguales y la deliberación que significan pluralismo y consenso, será entre públicos homogéneos. El principio de no represión se debe experimentar en la convivencia y no en la utopía.

La libertad para el desarrollo de la autonomía

La libertad (personal y social), en cuanto a capacidad y competencia para decidir sobre el futuro, es el objetivo de la educación en un país democrático que se preocupe de formar a ciudadanos y ciudadanas para que adquieran responsabilidad y compromiso sobre sus propias actuaciones. Pero para ello es requisito previo que la escuela sea un espacio contra la exclusión y que contemple nuevas lógicas de integración y conciencia social. También necesita de una escuela en la que los colectivos e individuos hayan alcanzado un status equivalente de reconocimiento, que convierta las relaciones asimétricas de dominación y dependencia en relaciones simétricas e igualitarias. El reconocimiento crea autoestima y autoconfianza para poder ser libre, es el respeto de las diferencias sexuales, nacionales, étnicas, raciales, de clase, religiosas, etc.

La liberación del ciudadano y ciudadana tiene que ver con la libertad y con la autonomía, pero no con la individualidad y la competitividad. El principio de no represión supone una universalidad de derechos sociales (y obligaciones), para que alumnas y alumnos puedan elegir su plan de vida en una sociedad tolerante.

Si queremos que la competencia y el conocimiento sean las fuentes de influencia y no el personalismo y las prerrogativas del poder, es necesario que la escuela no sólo transmita conocimiento sino que se preocupe por un conocimiento con sentido y que nos haga conscientes ante el mundo, que desarrolle lo que Guttman (2001) denomina una reproducción social consciente[29]. Ésta sería la primera característica de una escuela liberadora. Para

---

29. Esta reproducción social consciente no consiste en la formación de una conciencia crítica (concienciación de Freire) o el desarrollo de un análisis crítico de los sistemas sociales opresores (pedagogía crítica), porque, de acuerdo con Kramer-Dahl (1999), estos sistemas también imponen un régimen de verdad y en este sentido no crean ciudadanos libres.

que la reproducción social sea consciente hay que superar las distinciones de género que habitan en los contenidos y los conocimientos ligados a una concepción específica de lo humano.

El problema de la escuela es que ha convertido en universal el conocimiento creado bajo la perspectiva y los intereses de determinados sujetos (hombres blancos, de clase social acomodada…) que han tenido el poder hegemónico de su definición.

Por ejemplo, las escuelas son espacios masculinos, donde se han agregado a las chicas. No se desarrolla una vida colectiva, sino chicas separadas de los chicos, quienes perciben, desde muy corta edad, su posición privilegiada en el dominio del espacio y en la valoración de lo masculino en la sociedad.

Para que en la escuela se haga una reproducción consciente del conocimiento es necesario modificar los supuestos en los que éste se ampara y conseguir la universalización de derechos y el respeto necesario para el desarrollo de la autonomía, que es la deliberación, segunda característica de la igualdad como liberación.

La deliberación es el principio que permite una democracia participativa y se ampara en la pluralidad. Somos diferentes, y por ello necesitamos articular nuestras posturas a través del consenso. La pluralidad articula la igualdad y la diferencia.

La modificación de los supuestos tradicionales de la escuela debe significar la inclusión de la vida privada y las relaciones sociales como prioridad. Conseguir la autonomía es conseguir la libertad para actuar y ser, decidir y participar, y ello no se desarrolla sólo en un ámbito profesional, se desarrolla en el ámbito de la vida. De lo contrario, convertiremos nuestras propias relaciones sociales en mercado, en producción, en competencia, y nuestra dependencia hacia los logros crearán insatisfacción y minarán nuestra autoestima.

Como nos indica Amy Guttman (2001), hay que situar la labor de la escuela en el lugar de la **reproducción social consciente**. Esto significa que debe preocuparse por que comprendamos cómo funciona nuestro mundo y cómo hemos llegado a que funcione de esa forma y no de otra.

La función de la escuela no es sólo reproducir e introducir a los jóvenes en la sociedad sino también colaborar en la formación de mentes abiertas que transformen las formas de convivencia. Su función es la formación de ciudadanos libres que sepan convivir en sociedades regidas por democracias participativas[30] y su preparación para la contribución a la cultura y a la construcción del conocimiento científico.

Pero a la hora de seleccionar y diseñar sus formas de actuación, la escuela, que está inserta en nuestra sociedad y no pertenece a un mundo deseable sino actual, reproduce las desigualdades con las que se conciben en nues-

---

30. Entendidas por oposición a democracia liberales.

tra sociedad las diferencias socioeconómicas, de sexo, socioculturales y psicofísicas. Estas son también transmitidas y utilizadas como elementos formadores de los y las más jóvenes.

El análisis crítico y la revisión sobre los contenidos y formas escolares se hace necesario y puede contribuir a que la escuela no produzca y reproduzca la desigualdad, ni limite las expectativas de sus alumnos y alumnas.

Los conceptos a través de los cuales nombramos a la realidad y la conocemos no sólo describen la realidad: también la proponen. Quien es capaz de comprender el significado y las causas que han convertido a los conceptos en legítimos es capaz de transformar a su propia cultura. Transformar la cultura no significa cambiarla de la noche a la mañana. Significa aprender de la misma, y para ello necesitamos mirarla con ojos sorprendidos y no con los ojos habituales. Aprendemos de ella porque nos transforma en lo que vemos y no la asumimos sin prevención.

Esta es una de las tareas más importantes en la que debemos comprometernos los maestros y maestras: en enseñar cómo los conceptos son mucho más de lo que parecen (Postman, 1999). Trascender el estatismo conservador del conocimiento y convertirlo en un flujo dinámico de ideas que cambiamos y nos cambia. Esto no significa sólo que alumnos y alumnas construyan "de nuevo" el conocimiento ya creado, con una metodología activa o experimental, significa mucho más. Significa adquirir el status de creadores de conocimiento y dejar el status exclusivo de consumidores. Asumir la responsabilidad de nuestra libertad y no sumirnos a los modelos imperantes. Nuestro legado cultural nos ayuda a comprender y ser, a cambiar el futuro. Nunca nos debe limitar a reproducirlo, porque significaría que no hemos aprendido nada de nuestra historia.

Bertrand Russell ya cuestionó que el éxito educativo no consiste en convertir lo extraño en familiar, como se dedica en una proporción de tiempo importante la escuela, facilitando al alumnado aquello que no entiende pero sin cuestionar en ningún momento su status de verdad. Para este autor la misión de la escuela es la de transformar lo familiar en extraño (recogido por Egan, 1994). Este principio es mucho más importante de lo que nos puede parecer a simple vista porque establece las diferencias entre lo que significa socializar y educar[31]. Cuando socializamos pretendemos una simple adaptación del alumnado a su medio ambiente, que se habitúen a las rutinas, a sus normas y valores... Cuando educamos nuestros objetivos son más ambiciosos, tratamos de formarlos en principios morales e intelectuales que hagan de ellos y ellas personas libres y responsables.

Por ejemplo, si a un grupo de alumnos y alumnas de seis o siete años le explicamos cómo funciona un supermercado, estamos contribuyendo a este proceso de socialización. Pero si cuando se convierten en adultos no

---

31. Para esta diferenciación seguimos a Egan (1994).

han aprendido cómo funciona el supermercado, con toda seguridad no le echaremos la culpa a la escuela. El aprendizaje de su funcionamiento es un proceso que se produce con más garantías por el simple hecho de vivir en sociedad. Comprender lo complejo y no simplificar el mundo significa ir más allá de lo que vemos a simple vista. La tarea educativa consistiría en que cuando la población de 15 años observe un supermercado vea un pequeño milagro y lo relacione con la supervivencia, con las comunicaciones, con las diferencias y abundancias entre los supermercados occidentales, con toda una creación cultural[32].

Cuando no comprendemos las razones por las que hemos creado determinadas formas de vida (los límites de algunas tecnologías con las que habitamos el mundo) y nuestro mundo y nuestra sociedad nos parecen la única forma posible de existir, estamos atrapados en nuestra propias creaciones. Es una libertad falsa, como la que plantea Huxley en *Un mundo feliz*, olvidamos nuestra conciencia histórica y nuestro dominio del espacio y del tiempo y nos convertimos en habitantes de un mundo que nos domina.

En una investigación dirigida por Francesco Tonucci, con alumnos y alumnas de 8 años, ante la propuesta de qué llevarían a una isla desierta, estos proponían utensilios como un grifo, del cual al parecer mágicamente obtendrían agua, o cantidades de carne imposibles de ingerir o conservar, animales vivos pero sin pareja, lo cual negaba la posibilidad de reproducción, etc... Se nos puede ocurrir irónicamente que probablemente no habían estudiado ese tema en el curso escolar. Pero nos produce una gran tristeza que la escuela no sólo no enseñe a pensar, sino que constituya una barrera para que los chicos y las chicas lo hagan.

Nunca en ninguna época hemos controlado tanto nuestro mundo a través de la Ciencia y de la Técnica, a la vez que hemos creado tal complejidad y como consecuencia incertidumbre y perplejidad en las personas que lo habitan.

El profesorado, muchas veces sumido en esta perplejidad y desbordado por la cantidad de conocimientos, satura al alumnado con contenidos desordenados y sin sentido, porque probablemente él también está desbordado.

La función esencial que tiene la escuela comprometida con la libertad es contribuir a mejorar nuestra vida, a que tomemos las riendas de nuestra reproducción social y la hagamos consciente. Para ello debemos considerar algunas cuestiones que nos planteaba Dewey en 1938 (acotado por Apple y Beane, 1997:35):

"De qué sirve obtener cantidades precisas de información sobre geografía e historia, de qué sirve alcanzar la capacidad de leer y escribir, si en el

---

32. El ejemplo del supermercado también lo cogemos de este autor, aunque su intención es plantear las posibilidades del aprendizaje través de opuestos.

proceso el individuo pierde su alma; si pierde su apreciación de las cosas que valen la pena, de los valores a los que estas cosas hacen referencia; si pierde el deseo de aplicar lo que ha aprendido y, sobre todo, la capacidad para extraer el significado de las experiencias que tenga en el futuro".

La escuela no puede olvidar su propósito porque probablemente no perdamos el alma pero sí la capacidad de discernir sobre el propio sentido de la educación y hasta de la vida. Con ello no estamos defendiendo los valores por encima de los contenidos, sino la importancia de los contenidos con sentido y de los contenidos valiosos. El mundo Moderno, amparado en la ciencia positivista, se dedicó a separar los Valores del Conocimiento, en la búsqueda de la neutralidad y la objetividad. Con ello hemos obtenido una sociedad que se gestiona y organiza eficazmente. Cuando hemos querido incluir los valores en la educación sólo cabían en un apartado (las transversales), porque no podíamos volver a elaborar el conocimiento escolar. La solidaridad, la justicia, la libertad... se han convertido en palabras huecas porque se utilizan indistintamente, y con sentidos incluso contrarios a sus propósitos; paradójicos: "la solidaridad de los compañeros hacia el que roba", "el justo castigo para toda la clase", "la libertad de elegir entre ser responsable o no".

Además los contenidos que se presentan aparentemente neutrales son jerárquicos, clasistas, sexistas y elitistas, y plantean modelos que van en contra del reconocimiento social.

Como hemos visto, para que exista reproducción social consciente y seamos libres es necesaria la reciprocidad entre individuos libres e iguales. Para ello es necesario experimentar la **deliberación** y el acuerdo, como un segundo principio irrenunciable de esta escuela.

La deliberación no es sólo una estrategia para expresar opiniones y alcanzar consensos. Las argumentaciones necesitan una formación adecuada y que los sujetos se reconozcan entre ellos por esta capacitación y por el conocimiento informado.

"la deliberación no implica sólo una habilidad. Requiere la capacidad de leer y escribir, calcular y desarrollar un pensamiento crítico, así como también tener noción de contexto, entender y apreciar los puntos de vista de otras personas. Los valores que la deliberación implica incluyen veracidad, no violencia, criterio práctico, integridad cívica y magnanimidad. Promoviendo éstos y otros valores y capacidades deliberativas, una sociedad democrática puede asegurar las oportunidades básicas a los ciudadanos, así como su capacidad colectiva de obtener justicia" (Guttman, 2001:15).

Como nos dice Arendt, no podemos educar sin enseñar, porque necesitamos contenidos sobre los que basar los aprendizajes, y esta enseñanza "degeneraría en una retórica moral-emotiva" (1996:208); pero resulta muy fácil enseñar sin educar, e incluso podríamos pensar que es demasiado habitual.

Los ciudadanos deliberativos, para Guttman (2001), deben ser el resultado del sistema educativo, no la estrategia exclusiva para educarlos. Esta autora propone que una buena educación en humanidades, por ejemplo, sería una forma de cultivar valores y habilidades para desarrollar el pensamiento crítico. Nos acostumbramos a través de los medios de comunicación al debate no ilustrado, a la opinión fácil y a mantener "mi verdad" sobre las opiniones de los demás[33]; la escuela haría un flaco favor a la democracia apoyando estos principios.

Nuestra sociedad ha degenerado en que nos sintamos personas con poder y reconocimiento, cuando defendemos una postura por encima de argumentaciones y juicios de otras personas. Creamos nuestro ser a partir de la fuerza con que definimos, a veces irreflexivamente, nuestras posturas hacia la vida. Esto no hace, sin embargo, que sintamos curiosidad por informarnos o por conocer. Este reconocimiento que esperamos se apoya en la eficacia, es decir, en tener una respuesta siempre y la suficiente agilidad y rapidez para articularla en el momento preciso.

En una educación democrática la deliberación también significa acuerdo sobre los propósitos educativos.

La ausencia de deliberación supone, o una imposición unilateral de decisiones educativas, o un abandono de los temas realmente importantes para que no causen controversias políticas (Arendt, en Sánchez, 1995).

No podemos mejorar la calidad de la educación si no mejoramos la calidad de la deliberación pública sobre la educación (Guttman, 2001:19-20). Esto implica establecer unos límites morales al Estado. El Estado limita sus elecciones para que se preserve la base intelectual y social de la deliberación democrática.

La democracia debe significar la posibilidad de deliberación con otras personas que no están de acuerdo completamente, en nuestros principios o conclusiones, sobre lo que significa la buena vida.

Aunque no estemos comprometidos con ningún conjunto de objetivos, sí lo estaremos con plantear la deliberación y el acuerdo en una serie de propósitos para la educación. Este acuerdo sobre los propósitos educativos hace necesaria la controversia política y significa que *la neutralidad* no es posible en una educación democrática. El hecho de rechazar la neutralidad implica que es compatible la educación en libertad con la educación en unos

---

33. Últimamente se ha convertido en un recurso muy utilizado el enfrentamiento de personas, en el medio televisivo, a favor de ideas y hechos diferentes. La "morbosidad" hacia la violencia; el insulto fácil, el grito, la amenaza, convierte ciertos programas de televisión en "peleas de personas" que educan hacia la falta de respeto y la deliberación necesaria para el consenso.

determinados valores. Siempre que se refuerza la oportunidad de elección, sea para el alumnado o para los padres, se defiende paralelamente una educación neutral, sin plantearse que la neutralidad es inaceptable en una educación democrática, porque son concepciones controvertidas y disputadas del bien las que se ponen en juego (Guttman, 2001:64).

La deliberación requiere de la igualdad y la justicia que nos libera y permite a los colectivos alcanzar la libertad y el reconocimiento, y a los individuos alcanzar la autoestima y la autoconfianza.

La libertad y la deliberación se desarrollan en el pluralismo y el consenso.

El *pluralismo* significa que los individuos son plurales porque sus opciones lo son, y la forma de articular esta diversidad en la sociedad, con la mediación del Estado, es a través del consenso. La democracia significa que existen el conflicto y la diversidad como partes constitutivas de la misma. Para que las partes se entiendan es necesaria la comunicación y la deliberación[34].

Nos reconocemos como iguales en la medida que somos diferentes, y el vínculo entre la igualdad y la diferencia es la pluralidad. Para Arendt[35] es la igualdad la que nos lleva a reconocer la identidad y la diferencia. Por un lado, somos iguales, condición indispensable para entendernos; y somos diferentes, por lo que necesitamos de la acción y del discurso para entendernos.

La escuela es un espacio privilegiado que nos permite, a través del diálogo, el debate y la argumentación, formarnos en la deliberación colectiva. Son espacios de consenso donde podemos expresar nuestra identidad al tomar iniciativas personales capaces de ser pluralmente reconocidas y establecer relaciones de reciprocidad y de solidaridad en la construcción de un clima participativo.

Desde la escuela esta deliberación debe introducir la defensa de los intereses colectivos por encima de los intereses individuales y por ello se convierte en una característica de la igualdad liberadora. La defensa de los intereses colectivos nunca es la defensa de la identidad colectiva invocando tradiciones por encima del análisis de las relaciones sociales, de la desigualdad y de la dominación (Touraine, 2002).

El pluralismo también significa "que en una sociedad distintos grupos proponen distintos modelos de felicidad y comparten unos mínimos de justicia" (Cortina, 1998:382).

Estos modelos se amparan en el concepto de opinión frente al de verdad, propuesto por Arendt (1997). Necesitamos *consenso* porque no pensamos todos lo mismo. El conocimiento no es común ni diverso; es sólo una cons-

---

34. Es precisamente el respeto a lo colectivo el que requiere un respeto a la individualidad, porque los individuos forman parte de colectivos para reforzar su identidad.
35. Véase, en capítulo II, el apartado "Igualdad-diferencia".

trucción social que nos ayuda a entendernos pero nunca debe presentarse como una verdad dogmática que niega la opinión. Desde el momento en que no buscamos nuestra identidad en el conocimiento, sino nuestra libertad, no hay conocimientos tuyos ni míos, sólo conocimiento. Debemos criticarlo y reformarlo en la medida en que no reconoce la igualdad o promueve la desigualdad[36]. No se puede construir de forma autoritaria el pensamiento, porque lejos de hacernos personas libres implica un elemento de coerción sobre el debate y la discusión.

Vivir en democracia significa tener capacidad para crear y para ser singulares, formarnos en la deliberación y en la creatividad, en el respeto y en la tolerancia.

La democracia deliberativa nos brinda la posibilidad de participar en las instituciones, y la posibilidad de ser educados para una participación política consciente. En este segundo aspecto es donde la escuela puede ser una aliada de primera mano, o simplemente una reproductora del orden social que inconscientemente transmite prejuicios y valores que no fomentan el espíritu cívico requerido.

Un esquema de la formación de ciudadanos y ciudadanas quedaría como sigue:

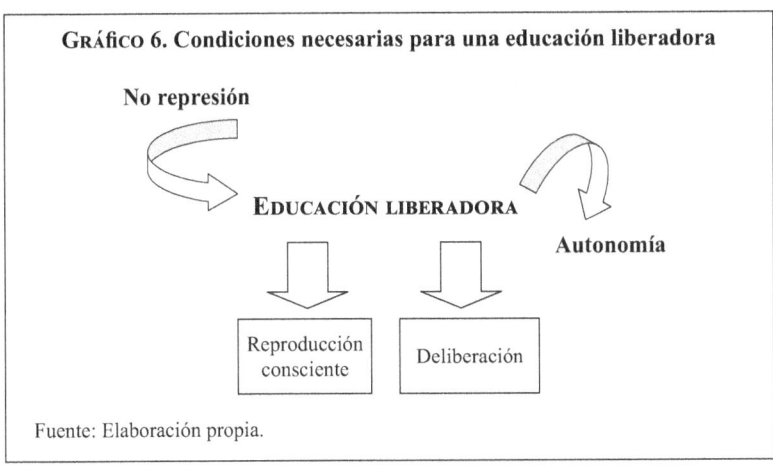

Gráfico 6. Condiciones necesarias para una educación liberadora

Fuente: Elaboración propia.

La **autonomía** que conseguimos en este proceso de liberación queda perfectamente definida por Elena Simón (1999):

"La autonomía implica soberanía; en primera instancia, soberanía sobre sí. También soberanía del sexo al que se pertenece. Ello supone la emancipación de las servidumbres y dependencias adjudicadas en razón del

---

36. Véase, en capítulo II, el apartado "Libertad personal y social".

género, sean éstas de signo aparentemente positivo o negativo. Servidumbre aparejan las obligaciones económicas representativas de los varones, servidumbre es la dependencia afectiva y de cuidados respecto de las mujeres, servidumbre es la responsabilidad exclusiva sobre lo doméstico y reproductivo de las mujeres y servidumbre es la dependencia emocional y económica respecto de los hombres. Lo que ocurre es que no es de igual índole. La dependencia de las mujeres se ha nutrido de opresión o de subordinación que no les permite hacerse cargo activamente de las necesidades materiales. La dependencia de los varones se nutre de prepotencia y dominio, que no les prepara para resolver las necesidades de cuidados y de amor" (1999:187).

Como dijimos al principio, supera lo puramente racional y contempla las emociones y las contingencias de vida personales. La autonomía se desarrolla en la vida pública y en la vida personal.

Los seres autónomos no necesitan ser dependientes en la sumisión, ni ser dependientes en la dominación. Se establece entre ellos y ellas condiciones de partida para negociar y pactar, porque cada uno reconoce al otro, el espacio del otro, que es alguien también libre y autónomo.

Las estrategias para cambiar las relaciones de poder entre hombres y mujeres, y la opresión material y cultural de estas últimas, tienen como objetivo que cada vez más mujeres, individualmente, logren autonomía y capacidad de decisión. La liberación de las mujeres es autonomía para las mujeres, para que ellas y ellos decidan sobre el mundo. Si no, estaremos imponiendo un nuevo régimen de verdad en la educación, con un sentido autoritario para conseguir nuestra utopía.

La autonomía necesita de la reproducción consciente para transformar las relaciones de subordinación que se mantienen en el tiempo[37]; para ello utiliza la no represión, que es la característica que nos iguala como seres equivalentes. La autonomía en la escuela debe tener como objetivo prioritario el bien colectivo por encima del bien individual.

Enseñanza pública-enseñanza privada

La educación en igualdad y la educación como liberación están interconectadas. Necesitamos un acceso en igualdad de condiciones y una diversidad del alumnado para alcanzar la autonomía y la liberación. Actualmente las escuelas privadas no pueden cumplir de forma global con los principios de no discriminación y no represión en su acceso y convivencia

---

37. Lo que Bourdieu (2000) denomina perdurabilidad del habitus, y Saltzman (1989) y Puleo (1995) ideología sexista o patriarcado de consentimiento.

porque sus públicos son homogéneos, y la deliberación y el reconocimiento sólo se pueden articular de forma parcial.

Una de las cuestiones que más preocupan en nuestro país, en relación a la pérdida de la igualdad (y a la rebaja del Estado de bienestar) es la cantidad de escuelas privadas que existen para atender a la población.

Podemos pensar que una escuela privada podría educar democráticamente, si trata de que el conocimiento se reproduzca conscientemente, que los sujetos tengan autonomía, fomente la deliberación y cree espacios de reconocimiento. En definitiva, una escuela que no ejerza la represión.

Pero ello dependerá de si cuenta con colectivos diversos, o al menos acepta las diferencias como principio. Si esto no es así sólo puede ser democrática dentro de su pequeña oligarquía. Una escuela selectiva no puede contribuir a una educación para la solidaridad; en todo caso, puede ofrecer una educación que sirva para fortalecer los sentimientos de compasión, la preocupación por otro que no es igual[38]. Es una escuela donde nunca se pondrán en evidencia determinadas desigualdades.

El problema, como veremos, no es tanto de escuelas privadas o públicas sino de la selección que realizan de la población este tipo de escuelas.

La principal característica de las escuelas privadas es que son "de pago" (Sánchez Ferlosio, 2002), aunque habitualmente las denominamos privadas, requieren unas cuotas mensuales, que lleva a una selección de su población en el acceso y a que exista una menor diversidad de población que en las escuelas públicas. Estas escuelas, aunque sus planteamientos puedan ser democráticos, impiden que sus alumnos y alumnas traten con diversidad de colectivos. Al denominarlas privadas intentamos destacar la libertad de elección antes que su característica más evidente, el hecho de que son de pago (Sánchez Ferlosio, 2002).

También hay escuelas públicas (gratuitas) que tienen una población homogénea. Son escuelas que por su ubicación en zonas de buena extracción social cuentan con alumnado homogéneo y se comportan como las escuelas selectivas. Y escuelas privadas (concertadas) donde las cuotas son simbólicas o inexistentes y tienen a una población diversa, con lo cual pueden educar en la no discriminación. En realidad son escuelas gratuitas (prácticamente), aunque guiadas por grupos religiosos que tienen intereses sociales y un respaldo económico que les ayuda a mantener estos intereses sin convertirse del todo en un negocio.

En nuestro país las redes de centros se establecen a través de la elección de los padres teniendo preferencia por: cercanía al centro, número de hermanos y escasez de recursos económicos. Esto hace que la misma distribución que se realiza por clases sociales en la ocupación de la vivienda se reproduzca en los centros educativos. Nunca se ha establecido, como en algunos estados

---

38. Véase el concepto de solidaridad de Elena Simón (1999).

norteamericanos, la integración social obligatoria, utilizando transportes para diversificar al alumnado en los centros.

Las redes de centros deberían establecerse a partir de necesidades sociales de integración que favorecerían la educación para la ciudadanía. Esto significa que los Consejos Municipales y las Delegaciones de Educación Provinciales no pueden tener la decisión, al menos en exclusiva, sobre los criterios para el establecimiento de las redes escolares, porque esta descentralización se puede traducir en complacer a padres, profesorado y sindicatos, que en su medio local tienen intereses personales por encima de los intereses colectivos. Las redes escolares son un recurso para la integración social y debe proponerse una regulación más integradora a través de las Comunidades Autónomas y de las propias leyes estatales[39]. Veamos las características que tendrían estos tipos de escuelas en relación al tipo de población que reciben:

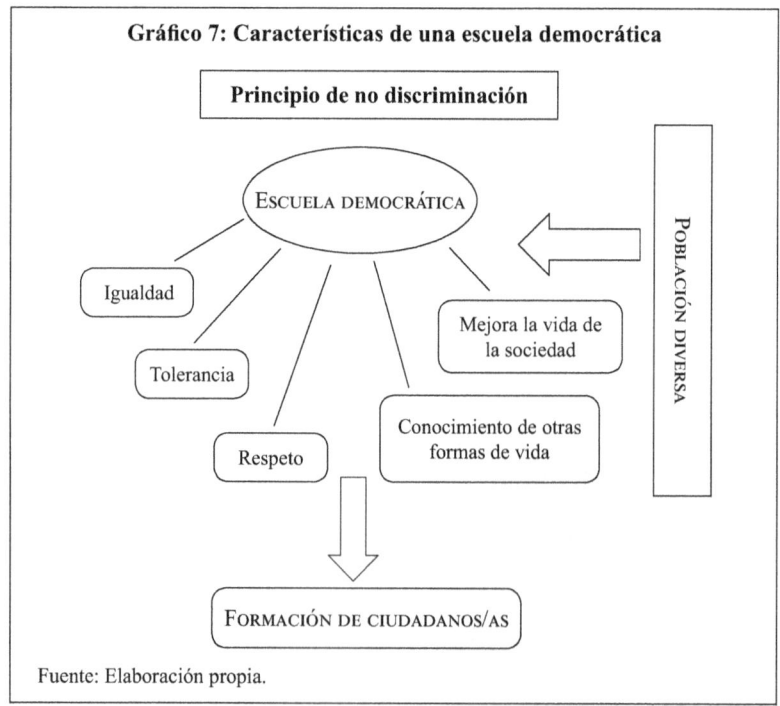

Gráfico 7: Características de una escuela democrática

Fuente: Elaboración propia.

---

[39]. Guttman (2001) defiende que las políticas centrales en estos temas tienden a ser más igualitarias que las locales, que en muchas ocasiones deben complacer a los electores.

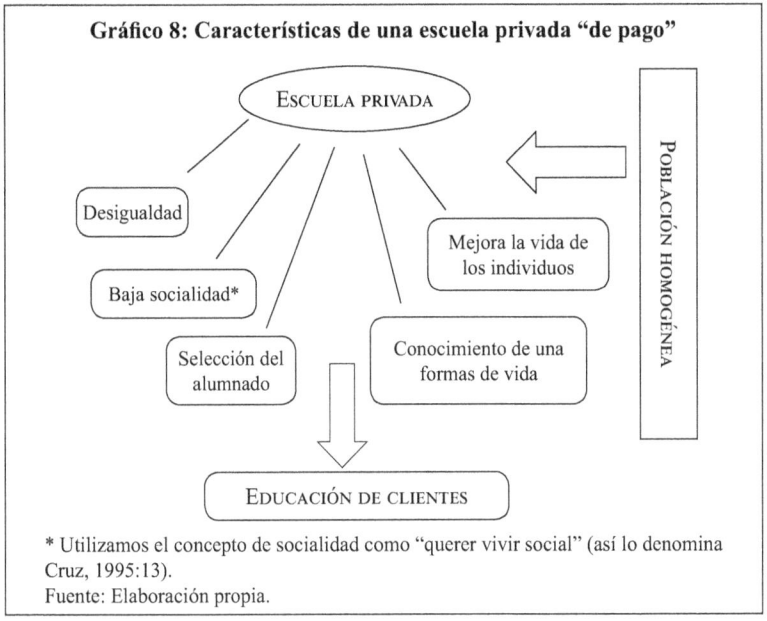

* Utilizamos el concepto de socialidad como "querer vivir social" (así lo denomina Cruz, 1995:13).
Fuente: Elaboración propia.

En las escuelas privadas concertadas, donde el pago es inexistente o simbólico, siempre que existe una población diversa, pueden darse las mismas características que en la escuela pública. Sin embargo, en nuestro país suelen estar ligadas a *idearios religiosos* que irían en contra del laicismo que requiere una enseñanza pública y democrática. El conocimiento, para contribuir a un pensamiento libre, no se puede plantear bajo ninguna doctrina en la escuela pública. También irían en contra de la libertad de cátedra del profesorado, otro de los principios que debe respetar una escuela igualitaria. Si queremos que el profesorado enseñe la libertad de pensamiento, él mismo debe poder experimentarla. Una escuela que eduque en la libertad debe ser enormemente respetuosa con las opiniones de los demás, incluida las de sus profesores y profesoras.

Igualmente, la escuela pública que tenga alumnado homogéneo, seleccionado por la zona donde se encuentra, tendrá unas condiciones similares a la escuela privada, en cuanto a carencia de diversidad. El alumnado tendrá menos oportunidades de educarse en la no discriminación cuando "los otros" son unos otros distantes, no son compañeros.

Las poblaciones homogéneas de algunas escuelas privadas y públicas pueden ser eficaces en sus logros educativos, pues cuentan con clientes con altas expectativas en la educación, aunque no lo sean en la enseñanza de diversos tipos de vida y de la solidaridad. Su existencia origina, a su vez, una homogeneidad en la escuela pública de colectivos de menor extracción social: la formación de "guetos", con bajos recursos culturales, donde no sólo cumplen estas características sino que añaden bajo rendimiento y dificultades de comportamiento, ante la normalización que impone la escuela y que está lejos de sus expectativas de vida.

La existencia de las escuelas privadas contribuye, junto a las redes escolares no integradas, a la creación de escuelas con poblaciones homogéneas marginadas que van en detrimento de la escuela pública. Estas escuelas deben ser la mayor preocupación de cualquier Estado y la ampliación de los conciertos sólo debe servir para evitar estas situaciones y no para complacer a la familia. El umbral mínimo de la educación requiere que todos los alumnos y alumnas adquieran la formación necesaria para su participación en la sociedad democrática.

Los conciertos no pueden significar que todos pagamos una escuela que limita la libertad y la igualdad. Es cierto que la ampliación de los conciertos significa que mayor población puede acceder a la mayoría de las escuelas, pero también está significando que en determinadas escuelas públicas quedaran los sectores de la población con menos recursos.

Cuando la socialidad[40] que nos ofrece la escuela se reduce a una población homogénea (sólo se ofrece conocer un solo tipo de vida), lejos de fomentar la libertad lo que hacen es reprimir la libertad de elección del alumnado. Y discriminan, porque todo el mundo no puede realizar esa elección. Para que las escuelas mejoren la sociedad necesitamos aprender a convivir y las escuelas segregadas difícilmente lo consiguen.

En este sentido, la homogeneidad interna creada a través de los itinerarios que proponía la Ley de Calidad, la creada a través del currículo normalizado y homogéneo, y con la elección de secciones optativas en un mismo centro que son elegidas por el alumnado según su rendimiento son prácticas también de segregación, como hemos dicho antes.

Otro de los problemas de las escuelas de pago es que se comportan con el *modelo de una empresa*, porque les interesa tener el mayor número de clientes, por lo que competirán en la venta de su producto.

Se ha asociado la calidad de la escuela a aquella que prepara mejor para el mundo del trabajo y se han convertido, de esta manera, en escuelas de mejor calidad aquellas que reciben alumnado de clases sociales y grupos culturales con mayores expectativas escolares. Es un hecho que la capacitación que proporciona la escuela y la transición para el mundo del trabajo es una de las mayores preocupaciones de los padres. Reforzado por nuestra sociedad, en la cual adquirimos nuestro status a partir de nuestra inserción laboral.

El liberalismo ha generado un discurso en el cual lo público está en contra de nuestra privacidad entendida como libertad. En contra de nuestros intereses particulares, que al parecer no incluimos en los intereses colectivos.

---

40. La socialidad entendida como "querer vivir social". Así lo denomina Cruz (1995:13).

"Siempre he pensado que hay una errónea inversión de perspectiva en decir, como se suele, que hoy lo público invade lo privado, cuando la verdad social es justamente la contraria: la vida pública es la inválida y agredida, y la vida privada la invasora y agresora" (Sánchez Ferlosio, 2002:22).

Contribuye al descrédito de la escuela, y más aún de la escuela pública, el discurso político que trata de convertir al sistema educativo en directamente dependiente del sistema productivo, un instrumento más de la política neoliberal. En este discurso se valoran las posibilidades que ofrece de salidas profesionales para el alumnado frente a otras perspectivas de preparación de ciudadanos y ciudadanas, como personas democráticas, solidarias y responsables (Torres Santomé, 2001).

Esta situación origina un enfrentamiento y hostilidad hacia los profesores y profesoras, a los cuales se les responsabiliza del fracaso escolar y de las consecuencias que éste conlleva de: paro, movilidad en el empleo, desigualdad, violencia, competencia...

Por una parte hay un descreimiento generalizado en los aprendizajes que se consiguen en la escuela y sobre su utilidad; y por otra, un miedo atroz a que nuestros hijos fracasen, porque hemos constatado que tienen una función de acreditación para la vida futura y, por tanto, de exclusión social.

El modelo de clientes ha llegado también a la escuela pública, porque el Estado la ha puesto en competencia con la privada. El aumento en inversión en la privada desde 1997 y el apoyo a los conciertos siguen reforzando a una privada que tiene mejor audiencia para las clases medias, porque excluye al alumnado de extracción social baja.

Las escuelas captan alumnas y alumnos a través del currículo extraordinario que ofrecen: actividades de informática, idiomas, viajes... Y a través del público que reciben, alumnado que no crea conflictos, ni grandes irrupciones en la enseñanza[41]. Esto llega a muchas clases medias defensoras de la escuela pública que huyen de "guetos" creados en determinadas zonas marginales de las ciudades, que se alejan del modelo de diversificación que debe ofrecer la escuela[42].

---

41. Esto se genera cuando la población es mayoritariamente marginal (como consecuencia de una inadecuada red de centros) y cuando se trata de integrar a la población en prácticas homogéneas.
42. También es fácil defender lo público para la sociedad y lo privado para nuestro hijos. Las familias tienen expectativas individuales en sus hijos, mientras que las escuelas deben tener expectativas de mejora de la sociedad.

La pedagogía de la democracia mínima

La pedagogía de la democracia mínima, como la denomina Pablo Gentili (2001), son mecanismos de simulación democrática que en nombre de ésta atacan la igualdad y defienden el espíritu elitista y meritocrático que está, en muchas ocasiones, instalado en las prácticas educativas.

Ejemplos de estos mecanismos de simulación los tenemos en las propuestas de itinerarios curriculares, selectividad, fomento de la enseñanza privada sobre la pública y de la religión dentro de las escuelas; que atacan a la igualdad y defienden el espíritu meritocrático de algunos profesores/as y familias que quieren una enseñanza de calidad pero elitista, por encima de principios igualatorios. Por otro lado, esta enseñanza no está ofreciendo una mayor autonomía al profesorado en su labor docente, sin embargo, sí está creando fuertes diferencias entre el profesorado de secundaria.

Está vaciando de contenido los derechos sociales sobre la administración de la educación, a través de la comunidad política y de la sociedad, en busca del bienestar común. El Estado mínimo es un Estado protector del individuo frente a la colectividad.

Estas prácticas se instituyen como solución a problemas ficticios que se achacan a la educación cuando se la responsabiliza de los "males" sociales. Se realiza un reconocimiento falso de problemas educativos, cuando en nuestras escuelas no hay una crisis de excelencia, hay una crisis de igualdad, al igual que en nuestras sociedades, y una crisis de falta de renovación de los contenidos y prácticas escolares.

Las contrarreformas de la derecha reclaman, en muchos países, mayor disciplina y contenidos neutrales, aunque los informes educativos (PISA, Coleman) nos muestran que estas actuaciones son discriminatorias y perjudican, sobre todo, a los colectivos desfavorecidos, porque la normalización y homogeneización curricular se alejan, más aún, de sus expectativas y formas de vida y la disciplina no les ayuda a controlar su entorno y a sentir confianza y autoestima.

A la escuela se le echan las culpas de la desigualdad económica y no a la economía. Lo cual lleva a que se diseñen sistemas escolares que estén conectados con el mercado, mientras se reducen los fondos económicos en la educación (Torres Santomé, 2001:28).

Como siempre, la escuela es la culpable, por la falta de preparación que proporciona, de que algunas personas no tengan un trabajo digno. No se buscan culpabilidades en la precariedad del trabajo y en el escaso valor que adquiere la mano de obra en nuestro mundo globalizado. El problema de la educación son profesores/as preparados, y al parecer milagrosos, que sin los suficientes recursos, sin el tiempo de formación y preparación necesario para sus clases y con plantillas infradotadas, deben cambiar el mundo.

En realidad los problemas de la educación son problemas de desigualdades, como demuestran las investigaciones realizadas en los años '60, '70 y '80 y ya es hora de que las afrontemos como tales[43].

El desconcierto que ha supuesto, con la secundaria en nuestro país, la incorporación de poblaciones hasta ahora no escolarizadas, es una muestra más de que los problemas sociales se convierten en problemas educativos por un modelo obsoleto y meritocrático de educación que intenta corregir con excelencia y normalización lo que son problemas de igualdad.

Se responsabiliza en exceso a la institución escolar de culpas que le son ajenas y que son consecuencia del neocapitalismo, y que tratan de arrastrar a los sistemas educativos al sin sentido de la idolatría a la economía, como unidades de producción al servicio de la misma.

Teniendo en cuenta esto, la escuela sólo puede actuar parcialmente en la reforma social:

"No podemos crear comunidades escolares democráticas en una sociedad no democrática. No podemos construir «las escuelas del mañana» en la sociedad desigual actual" (Zeichner, 1999:93).

Por ello los principios que proponemos para una escuela que eduque a la ciudadanía son soluciones parciales, soluciones, como hemos defendido, para mejorar la escuela, no para mejorar la sociedad.

A continuación mostramos en un esquema algunos de los problemas que defiende la democracia mínima y que hemos tratado a lo largo de los dos puntos anteriores como opuestos a la educación democrática.

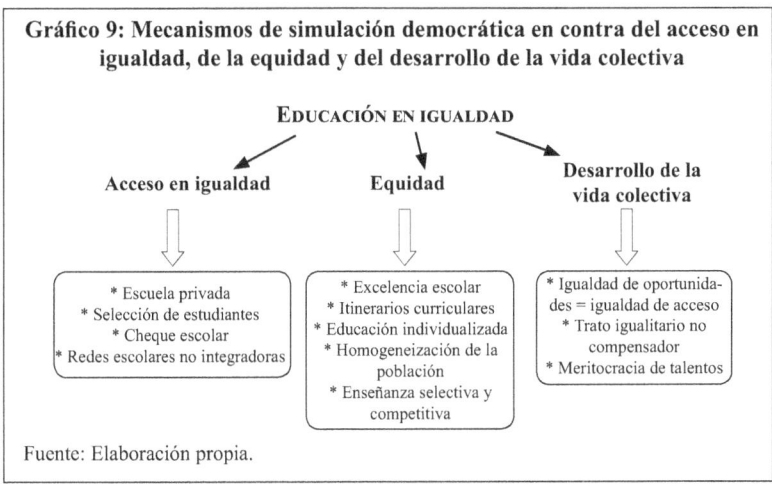

Gráfico 9: Mecanismos de simulación democrática en contra del acceso en igualdad, de la equidad y del desarrollo de la vida colectiva

Fuente: Elaboración propia.

---

43. Véase, en el capítulo I, pág. 20, la idea de la educación como expectativa igualitaria de mejora de la sociedad.

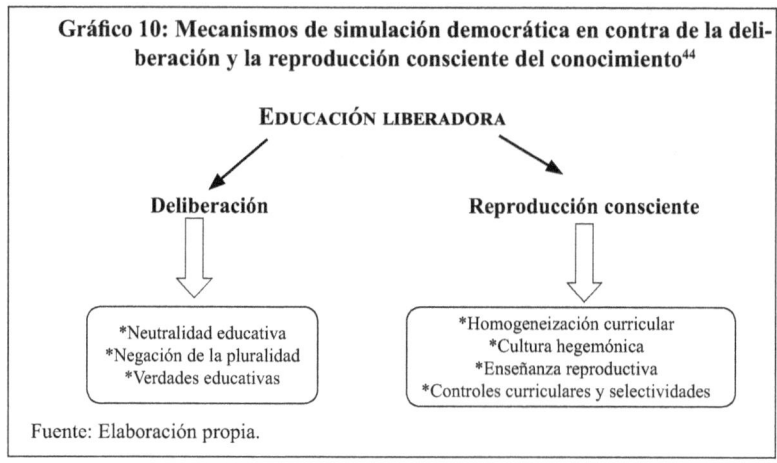

Una de las cuestiones olvidadas con mayor frecuencia por muchos educadores con respecto a su trabajo en las instituciones escolares son las funciones con las que se creó la escuela y las razones que sustentan su trabajo diario. La universalidad y la igualdad son condiciones básicas que sustentan la labor docente. Pero esto no significa que la escuela deba representar a una pequeña república a la hora de tomar decisiones (representación delegada), sino asumir principios básicos de lo que significa la democracia: libertad, no discriminación, solidaridad, respeto a cada uno, etc.

Los criterios para una educación democrática siempre deben ser contextuales, relativos a nuestro sistema educativo y a nuestra situación histórica. No pueden ser lo mismo para un país con un alto índice de analfabetismo que para un país que prácticamente ha conseguido la universalización en la educación, como es nuestro caso.

En contra de la homogeneización y normalización curricular, la escuela democrática demanda la comprensividad en la enseñanza y estrategias de diversificación como son el trabajo colaborativo y todo aquello que pueda tener como objetivo el desarrollo de la vida colectiva. La compensación debe partir del planteamiento de que en educación, qué enseñar siempre va unido a cómo lo hacemos. En este sentido, los contenidos de la enseñanza deben incluir:

- La libertad expresiva que requiere que se introduzca la controversia.
- El desarrollo de la creatividad y del otro como sujeto.

---

44. Algunos de los aspectos planteados en contra de la democracia mínima: cheques escolares, enseñanza individualizada y controles curriculares, los tratamos en el primer punto del próximo capítulo.

- La capacitación racional dando la justa importancia a los contenidos escolares.
- La igualdad y la solidaridad con la apertura a la diversidad.

Las estrategias y participación en una escuela democrática deben incluir, a su vez:

- Estrategias de diversificación curricular.
- Trabajo cooperativo.
- Relación escuela-comunidad.
- Relación de convivencia y respeto mutuo.

Las consecuencias de los modelos que mantiene la institución escolar para chicas y chicos que nos han mostrado las investigaciones desarrolladas durante las últimas décadas, tienen también unas consecuencias negativas y limitadoras para el desarrollo de ambos.

El hecho de que se mantenga una división sexual del trabajo sólo indica que la institución educativa sigue formando a las mujeres en un modelo de posición subordinado.

En este contexto cobra un papel relevante la investigación, la reconstrucción de los saberes y la construcción de un nuevo cuerpo teórico que, en los últimos años, están desarrollando los Estudios de las Mujeres en las Universidades y con el cual están colaborando colectivos de profesoras con aportaciones en temas de coeducación. Al respecto, una de las cuestiones que nos han mostrado es que las desigualdades abarcan a niños y niñas; no debemos entender la coeducación como una intervención parcial sobre las niñas.

La Escuela Pública en estos momentos necesita redefinir sus señas de identidad para ponerse al servicio de unas necesidades sociales plurales y democráticas. Debemos darle crédito a un nuevo programa diferenciado de otros modelos de escuela.

La escuela coeducativa debe propiciar que chicos y chicas construyan y participen activamente en una sociedad más justa y equitativa. Ello significa:

- Dirigir activamente los agrupamientos y relaciones sociales en el aula para que no se separen físicamente niños y niñas y para que los chicos no ocupen el espacio y la voz de las chicas y de algunos chicos.
- Fomentar la capacidad crítica y no la sumisión ante el conocimiento, sobre todo en las chicas, fomentando su reconocimiento como constructores/as del conocimiento. Para ello la escuela necesita introducir modelos de mujeres y una valoración más positiva de las mujeres en nuestra sociedad.

- No permitir que se mantengan estereotipos tradicionales ni prejuicios culturales sin que sean debatidos o puestos en tela de juicio.
- Suprimir el sometimiento del alumnado al poder impuesto por el profesorado, a través del mantenimiento del orden y la autoridad al conocimiento, para convertir las aulas en espacios de intercambio y de creación de significados.
- Introducir el análisis sobre los textos culturales de masas y la pedagogía popular con el objeto de analizar los estereotipos discriminatorios y los arquetipos viriles que contribuyen a la desigualdad sociocultural de las mujeres.
- Combinar el trabajo académico con actividades cotidianas donde se incluya el trabajo reproductivo como un trabajo esencial para la vida. Para ello es esencial combinar actividades tradicionales masculinas con actividades tradicionales femeninas en grupos mixtos.

Son unos pocos principios, pero que implican cambiar el orden de lo que es importante en la escuela.

El sistema educativo es un bien público y tiene que mostrar una distribución igualitaria de beneficios para todos los niños y niñas, y esto significa cambiar el modelo educativo hegemónico y anacrónico que intentamos mantener hoy día.

Una vez que hemos decidido el umbral mínimo de educación y los principios igualitarios sobre los que se sustenta la educación democrática, nos queda reflexionar sobre quién debe tomar las decisiones con respecto a la educación, lo que veremos en el siguiente capítulo.

Capítulo IV

Quién tiene legitimidad para decidir en educación

Qué y cuánta educación repartimos tiene que ver con acuerdos entre las distintas personas implicadas en el mundo de la educación; padres/madres, alumnado, profesorado y Estado, y en cómo distribuimos el poder entre los mismos para que se desarrolle un equilibrio democrático.

Los ciudadanos y ciudadanas deben tener la capacidad de decidir, porque la democracia les autoriza para que participen en la política educativa.

Aunque distintas teorías tratan de impulsar a unos agentes sobre otros en las decisiones sobre los propósitos educativos, parecen ser el Estado, padres/madres y profesorado, los agentes más legitimados a la hora de definir la educación de los futuros ciudadanos.

En la definición de la educación, privilegiando o excluyendo a los agentes que participan en la misma (alumnado, familias, profesorado), podemos observar ventajas e inconvenientes a lo largo del discurso que desarrolla Guttman (2001).

Los acuerdos deben ser compartidos y no se debe evitar el conflicto y la controversia, porque son la esencia de la educación (de una educación no neutral, como hemos defendido). Aquellos temas más comprometidos (educación afectivo-sexual, drogas, política…) suelen ser cruciales, y desechar su debate significa limitarlos al ámbito privado de las familias, y por tanto, rechazarlos de la agenda educativa social.

El alumnado, más que definir su propia educación tendría que participar en dinámicas formales en el aula que, como parte de su formación, le permitieran el ejercicio de una responsabilidad progresiva. No es un agente autorizado para definirla en la medida en que necesita un criterio moral que se lo ofrece la propia educación.

Muchas ideas educativas consideradas progresistas han defendido que el centro de la educación deben ser los alumnos y alumnas. Durante mucho tiempo se ha confundido la educación en libertad con el mero libertarismo de no ejercer autoridad sobre el alumnado.

Hoy día también se confunde la libertad con la posibilidad de que los padres y madres escojan la educación que creen más adecuada para sus hijos e hijas. Las madres y padres restarían a los hijos la posibilidad de aprender de otras formas de vida y a ser respetuosos y tolerantes con los demás, en contra de los principios de igualdad y libertad. Además sus decisiones pueden ir en contra de ideas controvertidas en educación (apelando a la neutralidad del conocimiento) y mostrarse también contrarias a otros colectivos, a los cuales discriminan (por ejemplo, en temas como la educación afectivo-sexual o la homosexualidad).

Ni padres, ni madres, ni comunidad local, ni profesorado, ni el Estado pueden decidir totalmente la educación de los niños y niñas. El Estado restaría libertad a los otros agentes y coaccionaría hacia un bien común, que puede ser del todo cuestionable y que se ampara en un principio de autoridad. Además restarían competencia al profesorado regulando la enseñanza desde una perspectiva jerárquica que impediría el desarrollo de la autonomía y la solidaridad. Impide la libertad para desarrollar el conocimiento, e impide la atención a la diversidad, al proponer una enseñanza alejada del aula y de los centros educativos.

Finalmente, desde posiciones que reivindican la profesionalidad del docente se mantiene que las decisiones sobre educación las deberían realizar profesores y profesoras sin ninguna intervención de agentes externos. Pero el profesorado también restará libertad a la comunidad escolar y al propio alumnado, pudiendo convertirse la autonomía profesional en competencia profesional que se impone de forma también jerárquica.

Veamos los inconvenientes de cada una de estas posturas, para acercarnos al justo equilibrio sobre la autoridad en las decisiones en una educación igualitaria.

Paidocentrismo: la educación en libertad

Se ha confundido en muchas ocasiones con el ideal de no imponer ningún tipo de autoridad al alumnado, para que en su decisión libre aprenda a usar la libertad. No obstante, la limitación más importante se produciría por carecer de referentes en los que apoyarse para tomar sus decisiones, y por no conocer lo suficiente las opciones posibles, como consecuencia de su escasa experiencia.

Sin embargo, no podemos negar que el riesgo, la libertad y la creatividad son ingredientes necesarios para transformar las cosas.

"El riesgo es un ingrediente necesario de la movilidad, sin la cual no hay cultura ni historia. De ahí la importancia de una educación que, en lugar de tratar de negar el riesgo, estimule a las mujeres y a los hombres a asumirlo" (Freire, 2001:40).

Pero la voluntad también tiene límites, y educar para la participación en una sociedad democrática implica plantear unos límites reguladores.

Estos límites reguladores suponen corregir la naturaleza de los niños y niñas hacia opciones útiles socialmente, mostrándoles los límites de su voluntad y estimulando la necesidad de autonomía o de autoafirmación del niño tímido o inhibido.

En temas como la educación no sexista, la dirección ética que puede plantear la escuela debe contrarrestar la socialización que reciben chicos y chicas. Esto implica educar a los niños para que no sean violentos y no valoren negativamente lo femenino, a las chicas para que participen, tomen decisiones y se arriesguen, fomentando su autoestima; y a ambos para que convivan y se respeten mutuamente. Alejándonos de discusiones sobre si su carácter es natural o social[1], la postura de la escuela es la de educar, y esto significa intervenir. Con una aptitud de neutralidad fomenta y legitima las desigualdades entre géneros, que la sociedad ya enseña.

Otro inconveniente en el uso de la libertad, en un contexto estrictamente anti-autoritario, es que sirve para reforzar un proyecto educativo que se adecua a la ideología individualista que triunfa en nuestra sociedad. Goodman (2001) se sorprende, sin embargo, de la importancia que se le da a la libertad personal en la literatura sobre la reforma escolar radical y la poca atención al desarrollo del sentido de la compasión, el altruismo, la cooperación, la responsabilidad civil y el compromiso con el trabajo, en aras del bienestar común.

Se considera que el conocimiento formal, la autoridad y los reglamentos son contrarios a la libertad individual, la creatividad y la autonomía. Quizás en sistemas clásicos, más elitistas y más cautivos a la autoridad del adulto se entiendan con mayor claridad los planteamientos preocupados en centrar la educación en la no negación de la personalidad del niño[2]. En este entorno podemos entender las proclamaciones sobre la libertad en la educación de autoras como Doris Lesssing y María Zambrano.

La enseñanza, como planteamos al principio, no está sólo destinada a la mejora del alumno o alumna individual, sino también a la mejora del mundo,

---

1. Aunque como demostramos en las investigaciones sobre género, nuestra perspectiva es que las diferencias son conformadas y reforzadas por el medio social.
2. Pensando en escuelas parroquiales y escuelas obreras que servían para tener a los niños y niñas recogidos de la calle, donde el profesorado tenía escasos conocimientos y donde los ideales no eran la justicia y la equidad. Hunter (1998) piensa que muchos de los sistemas autoritarios son herederos de estas prácticas.

y para ello necesita educar el sentido de la socialidad, del querer vivir social. No debe formar a individuos preocupados por sus intereses personales y por sus gustos y preferencias, sino individuos preocupados por el bien común.

El centro actual de la pedagogía también debe ser el niño pero no para afirmar su autonomía frente a las demandas del sistema, sino para afirmar su participación democrática en la sociedad. Las personas que han desarrollado más capacidad moral son las que están legitimadas para decidir qué le conviene para ser un ciudadano o ciudadana cívica en un futuro.

Además necesita dosis de libertad para responsabilizarse desde el primer momento sobre sus decisiones y aprender a ser una persona con opinión y responsable, combinada con principios y dirección ética que le indiquen y orienten sobre el camino a recorrer. La educación en libertad que defiende Rousseau tiene el gran peligro de no corregir las desigualdades que ha generado nuestra sociedad:

> "Abandonar el desarrollo del niño/a al crecimiento espontáneo es favorecer la reproducción de las diferencias y desigualdades de origen" (Pérez Gómez, 1992:81).

Además de ser un enfoque idealista que olvida que el desarrollo del hombre está condicionado por la cultura y por las interacciones entre el individuo y la colectividad (op. cit.). En tal sentido, más que un planteamiento democrático estaríamos realizando un planteamiento libertario.

> "A mí me da pena y me preocupa cuando convivo con familias que experimentan la «tiranía de la libertad», en la que los niños lo pueden todo: gritan, rayan las paredes, amenazan a las visitas a la vista de la autoridad complaciente de los padres que se creen campeones de la libertad... ¿Cómo van a aprender democracia en el libertinaje en el que, sin ningún límite, pueden hacer lo que quieran o en el autoritarismo en el que, sin ningún espacio al efecto, nunca se ejerce la libertad?" (Freire, 2001:44).

La autorización de padres y madres

Actualmente se confunde educación en libertad con la elección que realizan los padres y madres sobre la educación de sus hijas e hijos y sobre la elección de la escuela a donde van a ir.

Las madres y padres tienen derecho a decidir, por su propia libertad personal, que les da derecho y responsabilidad en la decisión sobre la educación que estimen deseable para sus hijos/as (aún cuando su opción sea discutible). Tienen autoridad legítima para intervenir como padres y madres y autoridad legítima para participar en la sociedad como ciudadanos y ciudadanas (Guttman, 2001).

Por otro lado, las madres y padres, con su elección, están restando posibilidades a sus hijos e hijas para aprender de otras formas de vida, y por tanto, les están traspasando sus propias concepciones y prejuicios sobre la sociedad. Sus intervenciones buscan el interés personal, con lo cual restan habilidades intelectuales para la deliberación racional y son contrarias a la enseñanza del respeto y la tolerancia (op. cit.).

Este derecho de los padres les brinda la posibilidad de elegir una enseñanza privada, que aunque tenga cierta intervención estatal, puede ampararse en idearios religiosos y tener un público homogéneo[3].

Los idearios particulares, lejos de integrar, vuelven a los colectivos más intolerantes. Hoy en día, cuando las religiones y culturas se multiplican, es necesario reforzar la escuela pública diversa si queremos construir una sociedad integrada y respetuosa.

Las políticas liberales de cheques escolares (o políticas de vales) tienen la pretensión de poner en manos de padres y madres las decisiones con respecto a la elección del centro educativo de sus hijos e hijas[4]. El centro escogido obtendrá un cheque o vale que se traducirá, después, en recursos para la enseñanza. Esta supuesta elección libre, sin embargo, no es tal, pues ni todos cuentan con la misma información sobre los centros, ni tan siquiera con criterios para valorar su excelencia. Los recursos económicos y las expectativas hacia la educación son un elemento clave en esta elección. Los centros seleccionados mayoritariamente, lo serán por contar con un tipo de alumnado que responda al modelo de vida paterno-maternal, con lo cual la población se homogeneiza mucho más en los centros educativos. Aquellos centros que tienen una población con mayores posibilidades de éxito educativo completan mejor su matricula y reciben mayores recursos. Aquí el principio igualitario de la diferencia se invierte y se trata de forma desigual a los más favorecidos.

La libertad de padres y madres en la elección de centro no garantiza una igualdad y diversidad en el alumnado, que debe ser un objetivo de la escuela pública. Además los intereses de los padres son hacia sus hijos e hijas y no hacia la colectividad, y su propio modelo de vida les limita el conocimiento de poblaciones más diversas.

La política de cheques, al hacer posible la elección, supone que los centros realizan ofertas educativas singulares y que no son atractivas de igual forma para los intereses de los padres. Esto, como hemos dicho, separaría nuevamente a los colectivos y va en contra de la diversidad. En realidad, es sólo una suposición, pues con currículos muy regulados desde la Adminis-

---

3. Véase, en capítulo III, el apartado "Enseñanza pública-enseñanza privada".
4. Esta política educativa ha sido llevada a cabo en la Comunidad de Valencia, con el gobierno de derechas del Partido Popular y teniendo como presidente de la Comunidad a Eduardo Zaplana (después ministro de trabajo).

tración y centralizados como el nuestro, las ofertas educativas sólo podrán centrarse en el currículo extraordinario (actividades extraescolares, viajes, idiomas...) y en el tipo de alumnado que va a los centros. Esto hace que se convierta la enseñanza pública en privada, al convertir los mejores centros en centros para el alumnado con mayores posibilidades de logros educativos y con mayores recursos, para realizar actividades de diversa índole.

Aunque las teorías más conservadoras sitúan la autoridad preferentemente en los padres ("El Estado de las Familias") despolitizando a otros participantes como los docentes y el propio Estado en la representación de la ciudadanía, hay motivos que nos hacen pensar que debe haber un equilibrio entre esta autoridad y la que defienden las teorías comunitarias (Guttman, 2001:26).

La libre elección de centro y los itinerarios curriculares serán sólo medidas de alivio parciales al sistema educativo que convierten la educación en un sistema elitista. En todo caso son medidas que pueden ser provechosas para algunos alumnos y alumnas, pero no representan una opción para todos, ni una mejora de la totalidad del sistema escolar (Darling-Hammond, 2001). Lo que padres y madres y comunidades quieren a veces es discriminatorio con respecto a otros ciudadanos y a determinadas ideas.

El control del Estado

El Estado ("El Estado Familia") es quien tiene el poder como representante de la sociedad para equiparar el espacio educativo al incluir a diversos colectivos y conseguir la tolerancia y el respeto mutuos. Para desarrollar el pluralismo, los alumnos y alumnas deben tomar contacto con otras formas de vida diferentes a las de su ámbito familiar. La educación proporciona una oportunidad de socialidad diversa e igualitaria que una educación privada y homogénea difícilmente contempla.

El Estado está comprometido en asegurar una educación que permita que las libertades sean posibles y significativas en el futuro. Sin embargo su concepción de la buena vida tampoco tiene por qué ser correcta para todos y su actuación no debe restar posibilidades a la comunidad y al profesorado.

La estandarización y el control del currículo en las escuelas ha dado mayor autoridad al Estado en la definición de la educación, y lo único que ha conseguido es separar a los docentes y al alumnado de la enseñanza que les ha venido impuesta. La jerarquía en la aplicación del currículo ha significado descontextualización y fragmentación de los contenidos que, sobre todo, se distancian de los públicos más lejanos al modelo normalizado de conocimiento. Significa homogeneización y va en contra de los principios de solidaridad y respeto a la diversidad, y autonomía y libertad de pensamiento para profesorado y alumnado, que debe tener como objetivo una escuela igualitaria.

La crítica al control y a la estandarización han llevado en los últimos años a una defensa de la descentralización educativa para que las políticas locales y las comunidades educativas tomen decisiones sobre los asuntos que les conciernen a ellos directamente, y sobre los cuales poseen una mayor información. El conocimiento de las situaciones y de los problemas educativos singulares lo tienen las comunidades locales, pero a nuestro juicio no deben ser ellas únicamente las que participan en la búsqueda de las soluciones. La descentralización de la política escolar, como hemos podido observar en las pequeñas decisiones que se toman actualmente en las localidades, fomenta la competencia entre centros, la defensa particular de intereses personales, y aleja de miras globales y deseables cuando se trata de ajustar la enseñanza al interés de todos. No olvidemos que en muchas poblaciones las relaciones de poder son directas y personales, lo que hace aún menos deseable esta descentralización que puede llevarnos a un "caciquismo consentido". Los municipios tienen la información de primera mano, conocen sus problemas mucho mejor que la administración central, pero las decisiones últimas nunca deben estar en sus manos. Aunque es necesaria una flexibilidad política para actuar según las circunstancias locales y en contra de la burocratización.

La educación democrática no puede negar la participación de la comunidad en la formación de las nuevas generaciones, aunque traspasen con sus aportaciones prejuicios sobre su modelo de buena vida. Aunque se prejuzgue sobre la vida futura de las nuevas generaciones, la educación democrática siempre es contextual y debe responder a un tiempo concreto y a unas necesidades sociales. Los límites a la autoridad política y paterno-maternal en la educación requieren que ambos agentes cedan parte de la autoridad educativa a los docentes.

Quienes limitan los posibles prejuicios y sesgos que puede tener una educación decidida por el Estado, las políticas locales y las familias, son los principios igualitarios defendidos como necesarios para completar el umbral de la educación. La autorización es legítima, siempre y cuando se realice sobre los principios de una educación en igualdad y como liberación. Pero para tener una garantía de su aplicación e interpretación se hace necesario un equilibrio entre la autoridad de los diferentes agentes. El objetivo común que tiene toda educación democrática es conseguir la solidaridad y la autonomía.

Los docentes serían los encargados en las democracias de plantear una deliberación crítica entre distintas concepciones de la buena vida. La calidad de la educación depende de buenos profesores bien formados y con un reconocimiento profesional.

La competencia profesional docente

En los últimos tiempos se ha defendido que es al profesorado, a través de una mayor autonomía en las decisiones sobre la educación, a quien competen las decisiones sobre la misma. La "segunda ola de la reforma educativa" en Estados Unidos[5] genera, a partir de 1986, numerosa literatura, en la que se subraya la necesidad de mejorar las escuelas aumentando el poder del profesorado y su posición social. Así como descentralizando las decisiones educativas que realzarían el protagonismo de las escuelas. El profesorado debe decidir qué, cómo y cuándo debe enseñar, y la regulación y controles del Estado sobre el currículo y la labor docente deben flexibilizarse (Zeichner, 1999).

Como nos indica Zeichner (1999), tanto el control estandarizado sobre el profesorado, con todos sus requisitos burocráticos, como la autonomía profesional, con sus reuniones, coordinación y trabajo para tomar decisiones acerca del currículo, han exigido al profesorado un esfuerzo y tiempo que le alejan de su tarea principal con el alumnado, llegándole a causar situaciones de estrés. Normalmente ambas propuestas no han venido acompañadas de un mayor tiempo para que pueda desarrollar estas tareas. El modelo docente se diseña en las últimas reformas con mayores exigencias de atención a la diversidad, controles burocráticos de trabajo, etc..., y en general tareas que suponen una mayor dedicación, sin que haya una correspondencia de estas exigencias en salario y en tiempo.

En nuestro país, este discurso sobre el profesionalismo se ha introducido tanto desde círculos académicos como a través de la legislación educativa; pero la autonomía profesional ha venido acompañada, paradójicamente, por políticas de regulación de la enseñanza, justificadas por la administración en la falta de preparación del profesorado y, por tanto, proporcionando argumentos para su desvalorización social. Esto ha hecho que se conviertan las propuestas de trabajo autónomo y colaborativo en trabajo colegiado, por las exigencias administrativas y sus decisiones sobre el currículo, en mera gestión burocrática, porque lo importante sobre la educación ya estaba decidido[6].

---

5. Se inicia con la publicación de una serie de informes como el "Holmes Group", "Carnegie Task Force on Teaching as a Profession", "Education Commission of the States", el "National Governor" (Zeichner, 1999).

6. Algunos autores han definido estas nuevas formas de entender el trabajo docente como "toyotismo", y son fórmulas del mundo empresarial que se copian en la enseñanza. La responsabilidad la asumen los empleados (en este caso los docentes), aunque las decisiones más importantes estén ya tomadas. El objetivo fundamental es el resultado. Véase Torres Santomé (1994), Contreras (1997), etc.

El problema de la autonomía profesional es que el profesorado invoque su competencia profesional para negar a la comunidad escolar y al alumnado cualquier posibilidad de participación.

La defensa del profesionalismo tiene el riesgo de un exceso de autonomía (insolencia del oficio la denomina Walzer, 1993:55), y su ausencia, el riesgo de la desvalorización de la profesión por la escasa confianza en el profesorado.

La participación del profesorado no tiene siempre el sentido de promover la mejora social; en ocasiones, toma sus decisiones para no desestabilizar la organización, priorizando la gestión eficaz o defendiendo los intereses personales del colectivo, que son arropados como defensa personal y que no son guiados por ningún tipo de principio igualitario. De ello son responsables, parcialmente, tanto la regulación del Estado sobre el currículo, como la falta de tiempo del profesorado para dedicarse a su labor docente con el alumnado.

Por ello, algunos modelos democráticos de participación en los centros no son respaldados por el profesorado, que lo único que quiere es que el director y la administración solucione el máximo de temas posibles que tengan que ver con cuestiones fuera de su aula. En estos casos, una mayor participación sólo significa mayor transparencia.

A pesar de todas estas consideraciones, quien puede y debe establecer el control democrático a la autoridad del Estado y a la autoridad paterno-maternal son también los profesores y profesoras. El desarrollo del principio de no represión y el tratamiento de la deliberación y la reproducción consciente del conocimiento dependen directamente del profesorado, siempre que tengan un mayor control sobre la enseñanza:

> "La responsabilidad profesional de los docentes es mantener el principio de no represión mediante el fomento de la capacidad para la deliberación democrática. El principio de no represión, por lo tanto, no sólo limita a la autoridad democrática, sino que también aporta contenido democrático al concepto de profesionalismo para los docentes, exigiendo de los profesores de biología, por ejemplo, que resistan a las presiones comunitarias para enseñar creacionismo en vez de evolución[7], y de los profesores de estudios sociales que desarrollen la capacidad de sus alumnos para criticar políticas populares desde la perspectiva de principios mutuamente compartidos" (Guttman, 2001:103).

Esto significa delegar en el profesorado una parte sustancial del control sobre lo que ocurre en el aula:

---

7. El creacionismo y el evolucionismo se han convertido en tendencias explicativas contrapuestas del origen del ser humano y la vida, en los Estados Unidos de Norteamérica, especialmente.

"Si los maestros de las escuelas primarias no pueden ejercitar la independencia intelectual en sus aulas, no podrán enseñar a sus alumnos a ser intelectualmente independientes" (Lightfoot, en Guttman, 2001:110).

También la profesionalidad bien definida sirve para salvaguardar contra la discriminación. La igualdad de trato, la equidad y el desarrollo de la vida colectiva dependen al menos parcialmente de profesores y profesoras. Sobre todo –como nos recuerda Zeichner (1999:80)– cuando en estos tiempos de resurgimiento del conservadurismo, las comunidades pueden ejercer un papel mayor en imponer los deseos de aquellos que se apoyan en creencias antidemocráticas.

Las escuelas de calidad se comportan con "una consideración respetuosa hacia su profesorado"[8], hacia los juicios que realizan acerca de los problemas de la enseñanza, como profesionales que tienen un conocimiento mucho mayor que los burócratas y la administración educativa en general.

Enseñar a todos y todas sin desigualdades supone superar la idea de que el aprendizaje depende del alumno y alumna y tiene poco que ver con la preparación y competencia del profesorado (Darling-Hammond, 2001).

Para Darling-Hammond, las metas que se debería perseguir para garantizar que todos los alumnos reciban una educación de calidad, democrática e igualitaria serían:

" • Que todos los alumnos y alumnas tengan acceso a profesores cualificados. Lo cual implica una mejor preparación y certificación del profesorado.
• Lograr que la profesión docente sea más atrayente para jóvenes con talento. Que requiere una mayor valoración social, a través de salarios y autonomía profesional.
• Y generar, así para los alumnos como para los profesores, comunidades de aprendizaje que sean humanas e intelectualmente vigorosas" (2001:416).

Pero esta competencia profesional también debe dirigirse a formar al alumnado en los valores de la participación, y la única forma de conseguirlo es con una progresiva introducción en procedimientos de participación formal. Los profesores y profesoras que apoyan un modelo participativo, parecen tener más éxito en que sus alumnas y alumnos se impliquen en el aprendizaje, que aquellos que utilizan un modelo disciplinario[9]. Cuando los chicos tienen un interés escaso en la enseñanza, esto supone un auténtico reto,

---

8. Así lo denomina Sara Lightfoot (en Zeichner, 1999).
9. En el informe Coleman el autoconcepto y el sentido de control del entorno aparecen como las variables más ligadas con el éxito educativo (Guttman, 2001:121).

y a veces se verán obligados a claudicar hacia formulas disciplinarias para que el orden en el aula permita un mínimo de trabajo (Guttman, 2001).

En nuestra enseñanza se cultivan muy poco los métodos participativos, que no significan dejar en manos del alumnado decisiones con respecto al currículo o a la acreditación, pero sí aprender a cultivar virtudes de participación democrática, que significan una mayor autoestima y un mayor compromiso con sus tareas de aprendizaje[10].

El equilibrio entre los diferentes agentes autorizados en la toma de decisiones en educación parece ser una garantía para la igualdad y para la democracia. En tal sentido, en el siguiente gráfico se explicitan algunos de los peligros de que las decisiones se centren en uno de estos agentes:

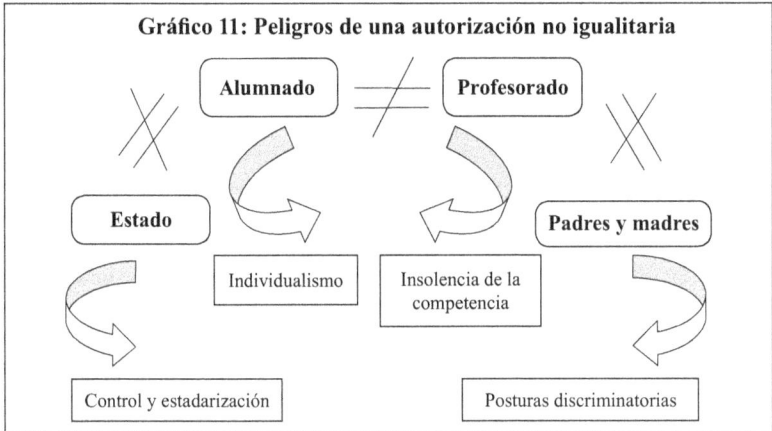

Gráfico 11: Peligros de una autorización no igualitaria

Las estrategias para la democracia no son sólo el fruto de profesoras y profesores que desarrollan un esfuerzo desmesurado para conseguir una enseñanza de calidad; tampoco son el resultado de políticas educativas que desde posiciones centralistas intentan imponer jerárquicamente modelos educativos. Como nos comenta Darling-Hammond (1999), conocemos escuelas que funcionan mejor que otras, y estos ejemplos deben servirnos como base para el diseño de nuestro sistema educativo.

Las políticas deben favorecer el desarrollo del profesorado hacia una enseñanza en igualdad y de calidad, y no hacia enseñanzas burocráticas y que limitan actuaciones innovadoras. El profesorado debe contar con el respaldo de una administración, a la cual también es necesario evaluar, y con una formación adecuada y una estabilidad que le proporcione garantías y satisfacción en su trabajo.

---

10. Podemos verlo en Mertz en su trabajo *Classrooms and Corridors* (en Guttman, 2001:122), donde muestra cómo a través de estos métodos los profesores logran que el alumnado se comprometa más con su trabajo.

Un esquema de los agentes legitimados para la autorización democrática sería como sigue:

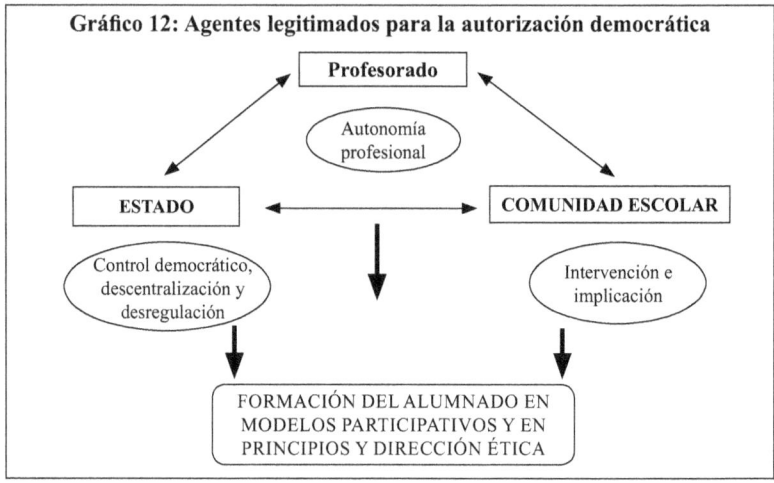

Gráfico 12: Agentes legitimados para la autorización democrática

Para Zeichner (1999) no se debería permitir que ninguno de los agentes implicados pudiera decidir, con exclusividad, sobre lo que es una buena educación para una comunidad escolar. Este autor reconoce que en dicho equilibrio debe existir un predominio del poder local. Aunque, a nuestro parecer, también necesita ciertas regulaciones para cumplir los principios de una educación para la ciudadanía.

El hecho de que todas las partes hayan participado en la deliberación sobre las decisiones y que el proceso no haya ido en contra de los principios de igualdad y libertad defendidos, no quiere decir que las decisiones tomadas sean las mejores. Lo que sí podremos afirmar es que se han adecuado a criterios democráticos de participación y de justicia social y que en este proceso han podido implicar a la comunidad educativa, con lo que esto significa de positivo para la mejora de la educación. La participación de las comunidades educativas es positiva para la consecución de una buena formación, especialmente, para aquellas poblaciones que tienen menos expectativas en la educación. Una de las experiencias que está favoreciendo la integración escolar, en centros de compensatoria, es la participación de la comunidad escolar. En estos casos padres y madres no sólo apoyan y ayudan a los centros educativos, sino que participan asumiendo la responsabilidad de la educación[11].

---

11. Uno de estos ejemplos de relación entre la escuela y la comunidad escolar lo podemos encontrar en la escuela Fratney, una escuela bilingüe en un barrio céntrico de Miwake, en Apple y Beane (1997). También en muchas escuelas andaluzas, como Nuestra Señora de Gracia en Málaga.

Conclusiones

La función política de la educación

Los sistemas democráticos requieren de la participación de ciudadanos y ciudadanas en la vida política, y la educación es la vía que hace posible una participación consciente e ilustrada. Esto hace que, en las sociedades democráticas, las relaciones entre política y educación muestren unos vínculos patentes. La educación no es sólo un derecho, sino una fórmula de acceso para participar en las mismas.

Esta función política que le estamos dando a la educación está ligada a un tipo de sociedad democrática particular y que trasciende la representación política. La palabra democracia no hace siempre referencia a significados coincidentes, porque es un concepto que ha cambiado y cambia según la realidad, el contexto en el que se encuentra y quién lo utiliza.

La ciudadanía, referida a derechos sociales y relacionada con la idea de participación igualitaria en la vida pública, es lo que proporciona el éxito a un sistema democrático. Significa un sistema de valores y normas que se oponen a los principios de discriminación y represión.

En nuestras actuales sociedades, esta profundización democrática debe suponer una liberación de los individuos y los grupos dominados por la lógica del poder.

Las relaciones de dominación se inscriben en códigos sutiles, no impuestos de forma manifiesta, como son los constituidos por los medios de comunicación y la cultura globalizada, y llevan, por ejemplo, a que las mujeres no puedan definirse ante la sociedad con la misma libertad de elección que los varones.

Las desigualdades que sufren las mujeres ante formas de dominación ejercidas por los varones como colectivo, han sido construidas a través de condiciones coercitivas que negaron a ellas, en un principio, el acceso a la educación, el derecho al voto y a ser consideradas sujetos racionales con autonomía para desarrollar su plan de vida; estas condiciones se mantienen en la actualidad como formas habituales y aprendidas de convivencia entre varones y mujeres.

Aquí es donde entra el Estado de una sociedad democrática, que tiene la obligación de revisar sus principios para favorecer la igualdad entre sus ciudadanos y ciudadanas. El Estado tiene un compromiso con la provisión de ciertos bienes básicos que son indispensables para que cada persona afirme su autonomía. Se violan de igual forma los derechos y libertades por la acción del Estado que por la omisión. La neutralidad del Estado no puede significar nunca inactividad estatal, porque la igualdad se tornaría insostenible. Esto crea la necesidad de establecer programas igualitarios, como son, por ejemplo, los sistemas educativos.

Para que mujeres y varones puedan actuar con libertad y decidir un proyecto de vida autónomo es necesario igualar sus circunstancias. Cuando las circunstancias de los ciudadanos y ciudadanas no impiden el desarrollo de la autonomía podemos considerar a los individuos responsables de sus destinos.

La igualdad incluye el establecimiento de situaciones simétricas de participación y de poder para usar nuestra libertad. De este modo, la igualdad se convierte en un medio para alcanzar la libertad y para que todo el mundo tenga unas condiciones que le permitan desarrollar su autonomía. De ahí que la creación de un espacio de bienestar social pueda exigir limitaciones en la libertad y ciertos sacrificios de algunas personas para mejorar las condiciones de otras. El reto implica superar la noción de justicia social, referida a justicia distributiva –en la que la distribución afecta a los bienes materiales–, y volver a activar conceptos como el de igualdad humana (Valcárcel, 1995).

La libertad, entendida como el desarrollo de personas conscientes, tiene mucho que ver con la educación, y supone mucho más que elegir en el mercado; no significa tampoco libre albedrío, y para que se pueda ejercer no basta con la voluntad de ejercerla, sino que las relaciones de poder deben ser simétricas.

Actualmente, las relaciones de poder en un mundo globalizado como el nuestro están en manos del mercado y los medios de comunicación, a los que se superponen otras relaciones de dominación como las sexuales y culturales.

La concepción de una cultura única universal, creada bajo los intereses de determinados sujetos que han tenido poder hegemónico para su definición, se opone a la deliberación que caracteriza a una sociedad democrática y participativa. El análisis crítico y la revisión de contenidos y formas escolares son procesos que se hacen necesarios y pueden contribuir a que la escuela no produzca y reproduzca la desigualdad, ni limite las expectativas de sus alumnos y alumnas.

La educación adquiere una función política sólo si estamos pensando en democracias con cauces para la participación activa de sus ciudadanos y ciudadanas, donde todos participan por igual, porque se oponen a la discriminación y a la opresión de cualquier colectivo.

Presupuestos de una educación democrática

a) Entender la democracia como liberación

La defensa de una democracia que no actúe de forma opresora respecto de las mujeres debe plantear más aspectos que la participación activa de todos los colectivos de la sociedad. Los Estados de Bienestar deben revisar los principios sobre los que se asientan, que están apoyados en el trabajo y en el cuidado que las mujeres proporcionan dentro del ámbito privado sin ningún reconocimiento.

En España se están dando pasos muy importantes en este sentido, con la "ley de dependencia"[12] aprobada por el Congreso de los Diputados el 30 de noviembre de 2006, que viene a asumir la responsabilidad del Estado sobre las personas que necesitan ayuda para desarrollar actividades esenciales de su vida diaria, tarea que han venido realizando mayoritariamente las mujeres.

La intervención del Estado debe proporcionar unos mínimos derechos sociales y políticos, para que los ciudadanos y ciudadanas puedan decidir con libertad. Para ello se requiere un modelo que no oferte sus servicios sobre la base de relaciones contractuales con el mercado, sino sobre la base de los derechos de ciudadanía, con una cobertura universal. De esta forma se evitará el hecho de actuar sobre las estructuras de renta y las jerarquías tradicionales.

Un ejemplo de ello, en educación, es la gratuidad de los libros de texto escolares, que están poniendo en marcha algunas Comunidades Autónomas, aunque, por otro lado, refuercen el control estandarizado del currículo y la falta de autonomía profesional del docente.

Tampoco la diferencia sexual debe ser una distinción pertinente que defina las actuaciones en pro de la igualdad. Lo que es necesario remodelar es la definición universal de las políticas sociales de igualdad de oportunidades, pensadas para una sociedad en la que los hombres trabajan, mientras las mujeres se ocupan de cubrir necesidades familiares de cuidados. Una concepción universal de la ciudadanía tiene que incluir la vida privada y universalizar las labores reproductivas y de cuidado. En consecuencia, son

---

12. Ley de promoción de la autonomía personal y atención a las personas en situación de dependencia.

necesarias una serie de estrategias concretas que pueden ayudar para que se dé un cambio en este sentido:

- La inclusión de la vida privada, de forma tal que los tiempos del trabajo de producción y los tiempos del trabajo de reproducción no entren en conflicto y se conviertan para hombres y mujeres en un solo tiempo: el tiempo de vivir.
- La paridad y la acción positiva como estrategias para conseguir una igualdad laboral, social y política. Las mujeres optarán a una ciudadanía cuando estén igualmente representadas que los varones en todas las esferas.
- El pacto entre mujeres, necesario mientras el poder en nuestra sociedad siga estando articulado a partir del pacto entre varones. Es un instrumento para cambiar los hábitos sociales.

b) La articulación de las desigualdades de género, clase y culturales

Muchos movimientos feministas están incluyendo en su agenda el reconocimiento de las diferentes voces y experiencias de las mujeres y la redistribución económica. De hecho, tanto el capitalismo, utilizando el trabajo de las mujeres, como las fuerzas conservadoras de carácter cultural y religioso, han buscado beneficiarse de su situación subordinada.

El hecho diferencial de las mujeres en relación con otros colectivos es que no son sólo una categoría social. Esto significa que la reivindicación de igualdad de las mujeres es una reivindicación de justicia social Universal.

Exigir el reconocimiento de las mujeres no significa que estemos defendiendo un modelo de identidad, para que sean reconocidas como el colectivo mujer. Por ejemplo, en educación no son mejores gestoras que los hombres, y sus cualidades no son superiores para acometer el poder y la política, aunque se les exija con mucha frecuencia que sea así. El reconocimiento de cualquier colectivo implica una igual valoración para que haya una necesaria simetría en el diálogo y una relación entre iguales (Carbonell, 1997). El reconocimiento como valoración equivalente significa tener en cuenta el sexo para conseguir legitimidad política, social y económica y conseguir mayor autonomía y capacidad de decisión de las mujeres individuales.

Las mujeres constituyen la mitad de la humanidad, por lo que su opresión atraviesa todas las clases y categorías sociales y sus reclamaciones de igualdad son prioritarias. No se pueden situar como minoría, pues no son una clase o una categoría social, una comunidad religiosa o étnica (Gaspard, Servan-Schreiber y Le Gall, en Scott, 2000).

Una primera consecuencia de esto es que, para que las mujeres sean escuchadas en igualdad, es necesario que ocupen de igual forma que los varones las instituciones democráticas. De esta forma, las instituciones adquieren legitimidad y las relaciones de poder se transfieren del ámbito público al privado (y viceversa).

El esquema que proponemos de desigualdad[13] bien puede servir para ver cuál es la posición de cualquier colectivo con respecto a la misma, sin olvidar que en cualquier colectivo hay mujeres. También nos recuerda que el eje de la desigualdad no puede plantearse sólo desde el modelo cultural o desde el modelo económico[14], sin que ello signifique una reificación de las culturas en defensa de modelos de identidad que atentan, muchas veces, contra los derechos humanos o contra las garantías de convivencia, así como tampoco debería darse un desplazamiento de la preocupación por las injusticias económicas. En el tema de género esto es especialmente relevante, porque la defensa de determinadas identidades culturales significa la opresión de las mujeres.

Las desigualdades de las mujeres en las distintas esferas interaccionan, aunque ninguna de ellas tiene una posición determinante sobre las otras. Por ejemplo, las relaciones de poder son una causa importante de sus desventajas económicas por la asignación, aún mayoritaria, del trabajo doméstico y del cuidado de los demás. El trabajo reproductivo ocupa el tiempo de las mujeres, y con ello ven reducidas sus categorías profesionales, su posición social y sus posibilidades económicas. Podríamos preguntarnos hasta qué punto pueden condicionarse las distintas esferas de la desigualdad: ¿pueden existir mujeres con un claro poder económico y con baja consideración social?, ¿mujeres con poder político y con un bajo status? Ninguno de estos ámbitos en solitario explica todas las desigualdades, pero cada uno de ellos tiene una clara influencia.

La educación en igualdad y liberadora para una sociedad democrática

A partir de estos presupuestos planteamos qué es una educación democrática que eduque para una participación consciente e ilustrada en la sociedad. La educación se convierte en la fórmula de acceso para participar en las sociedades democráticas. Una democracia con espacios de participación, donde la deliberación colectiva, el debate y la argumentación sean los ins-

---

13. En el capítulo III, apartado "La igualdad entre culturas, clases sociales y géneros".
14. Nuestra postura, actualmente, observa la necesidad de compaginar las diversas desigualdades, porque de hecho las desigualdades de las mujeres en sus relaciones de género, también son desigualdades en su status y son desigualdades económicas.

trumentos para articular intereses comunes. Este tipo de democracia es la que plantea una relación entre la ciudadanía, la cultura y la educación.

Si la función igualitaria corresponde al Estado y a la escuela pública, lo que nos estamos planteando es: ¿cuál es el compromiso de un Estado en la educación de niños y niñas para que sus circunstancias no les limiten en la elección de su plan de vida? El compromete del Estado es la creación de unas condiciones que les proporcionen herramientas conceptuales para su autodeterminación, a la vez que les permitan participar activa y responsablemente en su sociedad. Este perfeccionamiento de nuestra vida a través de la formación se traduce en dos niveles de exigencia: la educación para la igualdad o educación para la justicia social y educación liberadora o educación para la ciudadanía.

a) Educación para la justicia social

La educación en igualdad la alcanzamos a través de la igualdad niveladora. Su principio regulador es la no discriminación: se procura no dar un trato diferente a las personas integrantes en una colectividad sólo por el hecho de pertenecer a la misma.

Para conseguir la no discriminación, la condición primera que debe cumplir un sistema educativo es el **acceso en igualdad**, que podemos considerar un logro de la igualdad educativa en los países occidentales (aunque muy reciente). Esto ha supuesto un cambio drástico en las condiciones de vida de las mujeres. Prácticamente la totalidad de las mujeres entre 16 y 30 años ha cursado estudios primarios o de mayor nivel, accediendo un porcentaje muy importante de ellas a estudios secundarios y universitarios. Esto contrasta con las generaciones de más de 50 años, de las que casi dos tercios de la población no habían completado ningún ciclo (IAM, 2001). A pesar de ello, las chicas acceden en mayor número que los chicos a colegios privados, no porque se quiera potenciar la calidad de su educación, sino porque se trata de controlar, aún, los modelos de feminidad en nuestra sociedad, hacia direcciones conservadoras que potencian la sumisión y la falta de libertad. El acceso en igualdad también significa vigilar con extremo cuidado el absentismo escolar en la población marginal.

Una escuela con poblaciones diversas requiere una igualdad en el tratamiento, **equidad**, que, recordando el principio de Rawls[15] de diferenciación, significa que no se puede tratar igual a los que son diferentes porque con ello acentuaríamos la desigualdad.

Actualmente la escuela atiende a poblaciones que anteriormente no incluía, y esto significa replantear sus objetivos (Torres Santomé, 2001). La igualdad niveladora exige la superación de la igualdad de acceso, per-

---

15. En su teoría de la justicia (Gargarella, 1999).

manencia y trato, basada en ofertas educativas equivalentes. Y supone la redistribución de bienes incluyendo un principio compensador sobre los sujetos y su entorno (Gimeno Sacristán, 2001). La compensación en educación debe significar un cambio en la calidad educativa. No basta con modificar la cantidad de educación o la cantidad de apoyos económicos y materiales a la misma, el cambio es sustantivo a la educación e implica al tipo de educación que se ofrece. La equidad en educación significa cambios en la selección del conocimiento, en su tratamiento y en el desarrollo de la interacción en clase. El currículo contrahegemónico buscaría generalizar la idea igualitaria de la buena sociedad a través del currículo general (Connell, 1997). En esta línea, se reconocería en la cultura escolar la presencia de las mujeres, que normalmente son silenciadas y estereotipadas.

El desarrollo de la vida colectiva nos indica que la educación tiene como misión, además del aprendizaje individual, la adaptación y la integración en la vida social. Esto significa educarnos en grupo, a través de las relaciones con iguales y defendiendo unos intereses comunitarios, por encima de intereses individuales. Los padres con su educación fortalecen las expectativas individuales de sus hijos. Por oposición, la misión de la escuela es el desarrollo de la vida colectiva para aumentar las expectativas sociales.

Esta característica demanda una escuela que, además de ser niveladora, no potencie el individualismo y los aprendizajes homogéneos que refuerzan la competencia.

Los principios de la homogeneización y la normalización se oponen a la igualdad y a la justicia. Aparentemente se presentan como integradores, pero se oponen a los dos niveles de justicia que tratamos de defender aquí: por un lado, a la igualdad, porque equiparan a colectivos sociales que no son iguales; por otro, esta normalización actúa en contra de la liberación y como logro de la autonomía. La homogeneización y la normalización son principios opuestos al individuo del pensamiento liberal y a sus características de singularidad, creatividad, etc.[16]

La homogeneización del currículo fundamenta las agrupaciones que se realizan entre alumnos y alumnas por su rendimiento académico, perjudicando el desarrollo de la vida colectiva.

Integrar a diferentes colectivos para que las clasificaciones se sigan realizando de forma interna tampoco nos enseña a vivir de forma solidaria. Las mujeres vivimos con hombres, pero nuestras funciones, y la valoración que se ha hecho de las mismas, nos han relegado a un status inferior. La integración completa se consigue cuando los derechos sociales (justicia) y los derechos de la vida (cuidados) son iguales para todos y todas.

---

16. En este sentido se oponían nuestros más ilustres liberales a la escuela como institución homogeneizadora (por ejemplo, Doris Lessing).

Un principio necesario de aceptación de lo diverso es su presencia y convivencia, pero debe hacerse con ciertas estrategias que conduzcan a la solidaridad y no prolonguen en el tiempo los procesos de exclusión. Por ello, pensamos que sin una integración completa no se beneficia a la diversidad, e incluso puede verse perjudicada, porque se refuerza su posición marginal.

Con la educación obligatoria, la integración de las chicas en colegios mixtos ha significado un gran cambio en nuestra sociedad, porque se ha conseguido que las chicas y mujeres alcancen unos niveles educativos nunca imaginados. Sin embargo, las desigualdades presentes en el currículo, en los espacios y en la socialización fuerzan a que ellas sigan aprendiendo su lugar subordinado en la sociedad y ellos su lugar preponderante.

La **solidaridad**[17], para ser igualitaria, debe ampliarse y contemplar no sólo los derechos sociales sino también los derechos de la vida diaria. Las relaciones de dominación en la vida pública y en la vida privada son transferibles, y por ello es necesario unir el cuidado hacia los demás como solidaridad entre géneros.

- La solidaridad entre las mujeres empieza a desarrollarse ahora cuando las mujeres han empezado a reconocerse mutuamente, aunque carezcan de modelos.
- La solidaridad entre mujeres y varones tampoco ha existido, porque las relaciones no han sido recíprocas, no han sido seres humanos equivalentes.
- La solidaridad significa una actitud hacia los demás de respeto, colaboración, cooperación, amistad, simpatía y reconocimiento.

El objetivo es **enseñar a vivir en solidaridad**, renunciando a la educación meritocrática y competitiva. La presencia y convivencia entre sujetos diferentes, aunque sean necesarias, si no se acompañan de estrategias que conduzcan a la solidaridad, refuerzan la posición marginal de unos y la supremacía de otros.

b) Educación para la ciudadanía

Para alcanzar la educación liberadora es imprescindible que tengamos un acceso en igualdad de condiciones y una diversidad de alumnado (cumpliendo el principio de no discriminación) que nos ayude a alcanzar la autonomía y la liberación. Si no, la autonomía la alcanzamos dentro de una élite, el reconocimiento será entre iguales y la deliberación que significan pluralismo y consenso, será entre públicos homogéneos. El principio de no represión se debe experimentar en la convivencia diversa y no en la utopía.

---

17. Utilizamos el concepto de solidaridad de Elena Simón (1999).

Una vez que tenemos unas relaciones equivalentes entre sujetos y que el reconocimiento nos crea autoestima y autoconfianza, el principio de no represión supone una universalidad de derechos sociales (y obligaciones) para que alumnos y alumnas puedan elegir su plan de vida en una sociedad tolerante.

La labor de la escuela hay que situarla en el lugar de la **reproducción social consciente**, como nos indica Amy Guttman (2001). El conocimiento del pasado debe estar situado en su contexto de producción para tener como referencia un mundo construido y no determinado. De lo contrario, estaremos atrapados en nuestras propias creaciones y olvidaremos nuestro dominio del espacio y del tiempo, así como nuestra propia conciencia histórica (la libertad falsa planteada en *Un mundo feliz* de Huxley).

La escuela tiene una función más allá de la mera reproducción del conocimiento, que es la de utilizar el conocimiento para la formación de seres autónomos que puedan decidir sobre su futuro.

El problema de la escuela es que convierte en universal y dogmático el conocimiento creado bajo la perspectiva y los intereses de determinados sujetos (hombres blancos, de clase social acomodada…) que han tenido el poder hegemónico de su definición. Por ejemplo, las escuelas son espacios masculinos, donde se ha agregado a las chicas. No se desarrolla una vida colectiva, sino chicas separadas de los chicos, quienes perciben, desde muy corta edad, su posición privilegiada en el dominio del espacio y la valoración positiva de lo masculino que se da en la sociedad.

La socialización pretende introducir a las niñas y niños en las costumbres y hábitos característicos de su medio. Pero cuando educamos el objetivo va más allá de la mera adaptación e incluye la formación en principios morales e intelectuales. Además, el aprendizaje no contemplará sólo cómo funcionan, por ejemplo, nuestras instituciones, sino por qué han llegado a funcionar de una determinada manera y a qué fines sirven.

Por otra parte, la **deliberación** es un principio necesario para articular la pluralidad en una democracia participativa. A través del consenso podemos poner de acuerdo posturas que son diferentes. Pero la deliberación no es sólo una estrategia para expresar opiniones y alcanzar consensos. Las argumentaciones necesitan una formación adecuada y que los sujetos se reconozcan entre ellos por su capacitación y por el conocimiento informado. Los ciudadanos y ciudadanas deben respetar la opinión de los demás y llegar a un consenso a través de una formación en la que se cultiven valores y habilidades para desarrollar un pensamiento crítico. No basta con participar en debates.

En una educación democrática la deliberación también significa acuerdo sobre los propósitos educativos. Asimismo, la libertad y la deliberación se desarrollan en el pluralismo y el consenso. En este proceso de liberación conseguimos el desarrollo de la **autonomía** para transformar las relaciones de subordinación que se mantienen en el tiempo. Esta autonomía significa tener soberanía sobre nosotros mismos, también sobre el sexo al que pertenecemos, con lo cual estaremos liberados de las servidumbres adjudicadas a un sexo u otro.

La modificación de los supuestos tradicionales de la escuela debe significar la inclusión de la vida privada y las relaciones sociales como prioridad. Conseguir la autonomía es conseguir la libertad para ser, actuar, decidir y participar, y ello no se desarrolla sólo en un ámbito profesional, se desarrolla en el ámbito de la vida. Si no, convertiremos nuestras propias relaciones sociales en mercado, en producción, en competencia, y nuestra dependencia hacia los logros creará insatisfacción y minará nuestra autoestima.

El objetivo es **conseguir la autonomía**, alumnos y alumnas conscientes de su mundo, liberados de las relaciones de dominación impuestas por el mercado y los medios de comunicación, y preocupados por su participación en la sociedad. La autonomía reconoce el pluralismo y se basa en la deliberación para conseguir el consenso. Puesto que somos diferentes, pensamos de forma diferente, pero esto no significa que no podamos llegar a acuerdos. Para el profesorado significa desmitificar el conocimiento verdadero y colocar la cultura y la ciencia como construcciones históricas, y contingentes a unas relaciones determinadas de poder. Para ser autónomos necesitamos transformar nuestras relaciones de dominación y subordinación en el ámbito político, en el ámbito profesional y en el ámbito privado.

c) Educación para la pluralidad

La educación no puede ser tiránica, tiene que ser decidida a partir de la pluralidad y del consenso. Este último planteamiento es fundamental, porque no podemos establecer las funciones del profesorado ni la participación de padres y madres, sin atender al significado que tiene, para una sociedad democrática, el hecho de crear cauces para la participación y la deliberación.

Los padres y las madres y el alumnado introducen ideas plurales, porque sus opciones lo son, y la forma de articular esta diversidad en la sociedad, con la mediación del Estado y del profesorado, es a través del consenso. Pero no todos pueden representar sus intereses particulares.

El profesorado junto con el Estado deben representar unos intereses públicos y colectivos que exceden los intereses particulares, que, como sujetos representantes de una cultura hegemónica a la que pertenecen, pueden tener. Su objeto de preocupación nunca pueden ser los alumnos y las alumnas individualmente, como sí puede ocurrir para padres y madres, sino la defensa en general de los intereses colectivos.

El bien común habría que buscarlo en espacios de participación, donde la deliberación colectiva, a través del diálogo, el debate y la argumentación, nos permite articular intereses comunes. Son espacios de consenso donde, por un lado, expresamos nuestra identidad, y por otro, establecemos relaciones de solidaridad en la construcción de una ciudadanía participativa.

Se trata de extender la democracia a todos los ámbitos, crear hábitos democráticos participativos y convertir el poder en algo plural que llega a todos los estratos sociales. Requiere, por supuesto, de la liberación de colectivos que están oprimidos.

Hemos abordado el problema de en qué debe basarse una educación democrática superadora de la opresión de colectivos sociales. Es necesaria una revisión de las relaciones de convivencia mucho más amplia para que la participación ciudadana no se produzca en desigualdad.

La educación en igualdad para una sociedad democrática debe, en primer lugar, enseñar a convivir en sociedad, es decir, que alumnos y alumnas se reconozcan, y reconozcan a los demás, como iguales; y, en segundo lugar, desarrollar un pensamiento libre, que signifique conciencia para ser y responsabilidad para hacer.

Bibliografía

Amorós, Celia (1994), "Igualdad e identidad", en A. Valcárcel (comp.), *El concepto de igualdad*, Madrid, Pablo Iglesias.

Amorós, Celia (1995), "Presentación", en C. Amorós (dir.), *10 palabras clave sobre Mujer*, Estella (Navarra), Editorial Verbo Divino.

Amorós, Celia (dir.) (1995), *10 palabras clave sobre Mujer*, Estella (Navarra), Editorial Verbo Divino.

Apple, Michael W. y Beane, James A. (1997), *Escuelas democráticas*, Madrid: Morata.

Apple, Michael W. (2001), *Política cultural y educación*, Madrid, Morata.

Arendt, Hannah (1996), "La crisis en la educación", en *Entre el pasado y el futuro*, Barcelona, Península.

Äs, Berit (1990), "El papel político de la mujer", en J. Astelarra (comp.), *Participación política de las mujeres*, Madrid, Siglo XXI.

Astelarra, Judith (comp.) (1990), *Participación política de las mujeres*, Madrid, Siglo XXI.

Astelarra, Judith (1998), "Alcance y limitaciones de las políticas de igualdad de oportunidades", En P. de Villota, *Las mujeres y la Ciudadanía en el umbral del siglo XXI*, Madrid, Editorial Complutense.

Ballarín Domingo, Pilar (1993), "La construcción de un modelo educativo de «utilidad doméstica»", en G. Duby y M. Perrot (eds.). *Historia de las Mujeres, Vol. IV*, Madrid, Taurus.

Ballarín Domingo, Pilar (2000), "La coeducación hoy", en N. Blanco (coord.), *Educar en Femenino y en Masculino*, Madrid, Akal-Universidad Internacional de Andalucía.

Bárcena, Fernando (1997), *El oficio de la ciudadanía. Introducción a la educación política*, Barcelona, Paidós.

Barker, Paul (comp.) (1996), *Vivir como iguales. Apología de la justicia social*, Barcelona, Paidós Studio.

Beltrán, Elena y Sánchez, Cristina (1996), "Introducción", en *Las ciudadanas y lo político*, Madrid, Instituto Universitario de Estudios de la Mujer-Universidad Autónoma de Madrid.

Beltrán, Elena y Sánchez, Cristina (eds.) (1996), *Las ciudadanas y lo político*, Madrid, Instituto Universitario de Estudios de la Mujer-Universidad Autónoma de Madrid.

Benedicto, Jorge y Reinares, Fernando (eds.), *Las transformaciones de lo político*, Madrid, Alianza Universidad.

Benhabib, Seyla (1990), "El otro generalizado y el otro concreto: la controversia Kohlberg-Gilligan y la teoría feminista", en *Teoría feminista y teoría crítica. Ensayo sobre la teoría de género en las sociedades de capitalismo tardío*, Valencia, Artes Gráficas Soler.

Benhabib, Seyla (1996), *Las ciudadanas y lo político*, Madrid, Instituto Universitario de Estudios de la Mujer-Universidad Autónoma de Madrid.

Benhabib, Seyla y Cornell, Drucilla (1990), *Teoría feminista y teoría crítica. Ensayo sobre la teoría de género en las sociedades de capitalismo tardío*, Valencia, Artes Gráficas Soler.

Beyer, Landon E. y Liston, Daniel P. (2001), *El currículo en conflicto. Perspectivas sociales, propuestas educativas y reforma escolar progresista*, Madrid, Akal.

Blanco, Nieves (2002), *Cultures of Schooling: ¿Qué lugar para las mujeres?* (Documento en prensa).

Bobbio, Norberto (1995), *Derecha e izquierda. Razones y significados de una distinción política*, Madrid, Taurus.

Bourdieu, Pierre (1991), *El sentido práctico*, Madrid, Taurus.

Bourdieu, Pierre (2000), *La dominación masculina*, Barcelona, Anagrama.

Bourdieu, Pierre y Passeron, Jean C. (1977), *La reproducción*, Barcelona, Laia.

Bowles, Samuel y Gintis, Herbert (1976), *La meritocracia y el coeficiente de inteligencia: una nueva falacia del capitalismo. El I.Q. en la estructura de clases de los Estados Unidos*, Barcelona, Anagrama.

Camps, Victoria (1994), "La igualdad y la libertad", en A. Valcárcel (comp.), *El concepto de igualdad*, Madrid, Pablo Iglesias.

Carbonell i Paris, Frances (2002), "Para una educación obligatoria de calidad", *Cuadernos de pedagogía*, 315: 109-114.

Carbonell i Paris, Frances (1997), "Entre la oveja Dolly y las reservas indias", *Cuadernos de Pedagogía*, 264: 24-29.

Cavana, María L. (1995), "Diferencia", en C. Amorós (dir.), *10 palabras clave sobre Mujer*, Estella (Navarra), Editorial Verbo Divino.

Cobo, Rosa (1995), "Género", en C. Amorós (dir.), *10 palabras clave sobre Mujer*, Estella (Navarra), Editorial Verbo Divino.

Condorcet, Marqués de (2001), *Cinco memorias sobre la instrucción pública y otros escritos*, Madrid, Morata.

Confederación de Movimientos de Renovación Pedagógica (1996), Documento marco "Trabajar con la diversidad, superar la desigualdad. Claves pedagógicas", en: http://cmrp.pangea.org/dmg 99.htm

Connell, Robert W. (1997), *Escuelas y Justicia Social*, Madrid, Morata.

Contreras, José (1997), *La autonomía del profesorado*, Madrid, Morata.

Cortina, Adela (1998), "Sociedad Civil", en C. Amorós (dir.), *10 palabras clave en filosofía política*, Estella (Navarra), Editorial Verbo.

Cruz, Manuel (1995), *¿A quién pertenece lo ocurrido?*, Madrid, Taurus.

Cruz, Manuel (1997), "La historia (interminable) y la acción (posible)", en M. Cruz (coord.), *Acción humana*, Barcelona, Ariel.

Darling-Hammond, Linda (2001), *El derecho de aprender*, Barcelona, Ariel.

Dworkin, Ronald (1996), "¿Entran en conflicto la libertad y la igualdad?", en P. Barker (comp.), *Vivir como iguales. Apología de la justicia social*, Barcelona, Paidós Studio.

Egan, Kieran (1994), *Fantasía e imaginación: su poder en la enseñanza*, Madrid, Morata.

Escofet, Anna et al. (1988), *Diferencias sociales y desigualdades educativas*, Barcelona, ICE-Horsori.

Fernández Enguita, Mariano (1990), *La escuela a examen*, Madrid, Eudema.

Ferrater Mora, José (1980a), *Diccionario de Filosofía*, Madrid: Alianza Editorial. Voz Libertad: 1968-1979.

Ferrater Mora, José (1980b), *Diccionario de Filosofía*, Madrid, Alianza Editorial. Voz Igualdad Humana: 1617-1834.

Fraser, Nancy (1990), "¿Qué tiene de crítica la teoría crítica? Habermas y la cuestión de género", en *Teoría feminista y teoría crítica. Ensayo sobre la teoría de género en las sociedades de capitalismo tardío*, Valencia, Artes Gráficas Soler.

Fraser, Nancy (2000a), "Heteroxesismo, falta de reconocimiento y capitalismo: Una respuesta a Judith Butler", *New Left Review*, 2: 123-134.

Fraser, Nancy (2000b), "Nuevas reflexiones sobre el reconocimiento", *New left Review*, 4: 55-68.

Fraser, Nancy y Gordon, Linda (1992), "Contrato versus caridad: una reconsideración de la relación entre ciudadanía civil y social", *Isegoria*, 6: 66-82.

Freire, Paulo (2001), *Pedagogía de la indignación*, Madrid, Morata.

Gallego Méndez, María T. (1998), "Visión del Estado y ciudadanía: los derechos políticos", en P. de Villota, *Las mujeres y la Ciudadanía en el umbral del siglo XXI*, Madrid, Editorial Complutense.

García Meseguer, Álvaro (1986), *Lenguaje y discriminación sexual*, Barcelona, Montesinos.

García Santesmases, Antonio (2001), "La educación y el futuro de las ideologías: perspectiva desde el liberalismo y desde el socialismo", en J. Gimeno Sacristán (coord.), *Los retos de la enseñanza pública*, Madrid, Akal-Universidad Internacional de Andalucía.

Gargarella, Roberto (1999), *Las teorías de la justicia después de Rawls. Un breve manual de filosofía política*, Barcelona, Paidós.

Gentili, Pablo (2001), "Un zapato perdido o cuando las miradas saben mirar", *Cuadernos de pedagogía*, 308: 24-29.

Gimeno Sacristán, José (2001), "La enseñanza y educación públicas. Los retos de responder a la obligación de la igualdad, respetar la diversidad y ofrecer calidad", en J. Gimeno Sacristán (coord.), *Los retos de la enseñanza pública*, Madrid, Akal-Universidad Internacional de Andalucía.

Gimeno Sacristán, José (2001), *Educar y convivir en la cultura global*, Madrid, Morata.

Gimeno Sacristán, José (2002), "Discutamos los problemas. Debate en torno a la ley de calidad", en: www./forojabalquinto.org/

Gimeno Sacristán, José y Pérez Gómez, Ángel (1992), *Comprender y transformar la enseñanza*, Madrid, Morata.

Gómez Llorente, Luis (2000), *Educación Pública*, Madrid, Morata.

Gonzalo, Eduardo y Requejo, Ferrán (1998), "Democracia", en C. Amorós (dir.), *10 palabras clave en filosofía política*, Estella (Navarra), Editorial Verbo.

Goodman, Jesé (2001), *La educación democrática en la escuela*, Sevilla, MECEP.

Greene, Maxine (1997), "El profesor como extranjero", en J. Larrosa *et al.*, *Déjame que te cuente. Ensayos sobre Narrativa y Educación*, Barcelona, Laertes.

Guttman, Amy (2001), *La educación democrática. Una teoría política de la educación*, Barcelona, Paidós, 1987.

Harris, Richard L. (2000), "La democratización del Estado y la gestión pública", *Revista del CLAD. Reforma y Democracia*, 18 (octubre).

Hunter, Ian (1998), *Repensar la escuela. Subjetividad, burocracia y crítica*, Barcelona, Pomares-Corredor.

Indicadores de la OCDE: www.Ince.mec.es/ind-ocde

Instituto Andaluz de la Mujer (2000), "Situación social de las mujeres en Andalucía". Documento Web: Junta de Andalucía. Instituto Andaluz de la Mujer. (http://www.junta-andalucia.es/iam/8marzo/dossier/dossier.html)

Instituto Andaluz de la Mujer (2001), *La situación social de las mujeres en Andalucía 1900-2000*, Sevilla, Consejería de la Presidencia: Instituto Andaluz de la Mujer.

Jiménez Perona, Ángeles (1995a), "Igualdad", en C. Amorós (dir.), *10 palabras clave sobre Mujer*, Estella (Navarra), Editorial Verbo Divino.

Jiménez Perona, Ángeles (1995b), "La construcción del concepto de ciudadanía en la modernidad", *Arenal*, vol. 2, Nº 1: 25-40.

Jonasdottir, Anna G. (1993), *El poder del amor ¿Le importa el sexo a la Democracia?*, Madrid, Cátedra (Feminismos).

Kramer-Dahl, Anneliese (1999), "La reconsideración de las ideas de «voz» y «experiencia» de la pedagogía crítica", en C. Luke (comp.), *Feminismos y pedagogías en la vida cotidiana*, Madrid, Morata.

Laclau, Ernesto y Mouffe, Chantal (1985), *Hegemony and Socialist Strategy. Towards a Radical Democratic Politics*, Londres, Verso.

Lipovetsky, Giles (1999), *La tercera Mujer*, Barcelona, Anagrama.

López Pardina, Teresa (1995), "Autonomía", en C. Amorós (dir.), *10 palabras clave sobre Mujer*, Estella (Navarra), Editorial Verbo Divino.

MacKinnon, Catharine A. (1995), *Hacia una teoría feminista del Estado*, Valencia, Cátedra (Feminismos).

Martín Gamero, Amalia (1975), *Antología del feminismo introducción y comentarios*, Madrid, Alianza Editorial.

Martínez López, Cándida (1999), "La historia de las mujeres en España en los años noventa", en T. Ortiz Gómez, J. Birriel Salcedo y V. Parra Marín, *Universidad y Feminismo II. Los estudios de las Mujeres en España (1992-1995)*, Universidad de Granada, Colección Feminae.

Meirieu, Philippe (2001), *La opción de educar. Ética y pedagogía*, Barcelona, Octaedro.

Molina Petit, Cristina (1995), "Ilustración", C. Amorós (dir.), *10 palabras clave sobre Mujer*, Estella (Navarra), Editorial Verbo Divino.

Moliner, María (1998), *Diccionario de uso del español*, Madrid, Gredos.

Mouffe, Chantal (1996), "Feminismo, ciudadanía y política democrática radical", en *Las ciudadanas y lo político*, Madrid, Instituto Universitario de Estudios de la Mujer, Universidad Autónoma de Madrid.

Oakes, Jeannie (1985), *Keeping track: How schools structure inequality*, New Haven, CT, Yale University Press.

Osborne, Raquel (1995), "Acción Positiva", C. Amorós (dir.), *10 palabras clave sobre Mujer*, Estella (Navarra), Editorial Verbo Divino.

Pateman, Carole (1995), *El contrato sexual*, Barcelona, Anthropos.

Pérez Gómez, Ángel (1992), "Enseñanza para la comprensión", en J. Gimeno Sacristán y A. Pérez Gómez, *Comprender y transformar la enseñanza*, Madrid, Morata.

Pérez Gómez, Ángel (1992), "Enseñanza para la comprensión", en J. Gimeno Sacristán y A. Pérez Gómez, *Las funciones sociales de la escuela: de la reproducción a la reconstrucción crítica del conocimiento y la experiencia*, Madrid, Morata.

Pérez Gómez, Ángel (1997), "Socialización y Educación en la época postmoderna", en J. Goicoechea y J. García Peña (coord.), *Ensayos de pedagogía crítica*, Madrid, Popular.

Posada Kubissa, Luisa (1995), "Pactos entre mujeres", en C. Amorós (dir.), *10 palabras clave sobre Mujer*, Estella (Navarra), Editorial Verbo Divino.

Postman, Neil (1999), *El fin de la educación. Un nueva definición del valor de la escuela*, Barcelona, Octaedro.

Proyecto Atlántida (www.proyecto-atlántida.org.)

Proyecto P.I.S.A. de la OCDE (www.Ince.mec.es/pub/pisa.htm)

Puigvert, Lidia (2001), *Las otras mujeres*, Barcelona, El Roure.

Puleo, Alicia H. (1995), "Patriarcado", en C. Amorós (dir.), *10 palabras clave sobre Mujer*, Estella (Navarra), Editorial Verbo Divino.

Rawls, John (1978), *Teoría de la justicia*, México, Fondo de Cultura Económica.

Re, Alisa del (1998), "El Estado de bienestar, las mujeres y las políticas sociales en el seno de la UE", en P. de Villota, *Las mujeres y la Ciudadanía en el umbral del siglo XXI*, Madrid, Editorial Complutense.

Rossanda, Rossana (1982), *Las otras*, Barcelona, Gedisa.

Saltzman, Janet (1989), *Equidad y Género. Una teoría integrada de estabilidad y cambio*, Madrid, Cátedra (Feminismos).

Sánchez, Cristina (1995), "Hannah Arendt", en F. Vallespín (ed.), *Historia de la Teoría Política*, 6: 151-193.

Sánchez Ferlosio, Rafael (2002), *La hija de la guerra y la madre de la patria*, Barcelona, Destino.

Scalon, Geraldine M. (1986), *La polémica feminista en la España Contemporánea, 1868-1974*, Madrid, Akal.

Scott, Joan W. (2000), "La Querrelle de las Mujeres a finales del Siglo XX", *New Left Review*, 3: 97-116.

Sen, Amartya (1992), *Nuevo examen de la desigualdad*, Madrid, Alianza Editorial.

Sen, Amartya (1996), "Compromiso social y democracia: las demandas de equidad y el conservadurismo financiero", en Barker, P. (comp.), *Vivir como iguales. Apología de la justicia social*, Barcelona, Paidós Studio.

Showstack Sasson, Anne (1998), "Igualdad, diferencia, ciudadanía", en P. de Villota, *Las mujeres y la Ciudadanía en el umbral del siglo XXI*, Madrid, Editorial Complutense.

Simón, Elena (1999), *Democracia vital*, Madrid, Barcelona.

Subirats, Joan (2000), "Cambios en las políticas de bienestar e innovación social en la Unión Europea", *Revista del CLAD. Reforma y Democracia*, 17 junio (http: //www.clad.org.ve/rev17/subirat.html)

Threlfall, Mónica (1990), "¿Patriarca, palanca, paraguas? Planteamientos feministas en torno al Estado asistencial", en J. Astelarra (comp.), *Participación política de las mujeres*, Madrid, Siglo XXI.

Torres Santomé, Jurjo (1994), *Globalización e interdisciplinariedad*, Madrid, Morata.

Torres Santomé, Jurjo (2001), *Educación en tiempos de liberalismo*, Madrid, Morata.

Touraine, Alain (1994), *¿Qué es la democracia?*, Madrid, Ediciones Temas de Hoy.

Touraine, Alain (1997), *Igualdad y Diversidad. Las nuevas tareas de la democracia*, México, Fondo de Cultura Económica.

Touraine, Alain (1998), *Igualdad y Diversidad. Las nuevas Tareas de la Democracia*, México, Fondo de Cultura Económica.

Touraine, Alain (2002), "Comunidades en construcción", *Cuadernos de Pedagogía*, 315: 115.

Valcárcel, Amelia, Renau, M. Dolors y Romero, Rosalía (eds.) (2000), *Los desafíos del feminismo ante el siglo XXI*, Sevilla, Hypatia.

Valcárcel, Amelia (1991), *Sexo y filosofía. Sobre «mujer» y «poder»*, Barcelona: Anthropos.

Valcárcel, Amelia (1993), *Del miedo a la igualdad*, Barcelona, Crítica.

Valcárcel, Amelia (1994), "Igualdad, idea regulativa", en *El concepto de igualdad*, Madrid, Pablo Iglesias.

Valcárcel, Amelia (1996), "Las mujeres dentro de la vida política. Las ciudadanas y lo político", Madrid: Instituto Universitario de Estudios de la Mujer, Universidad Autónoma de Madrid.

Valcárcel, Amelia (1998), "Estado", en *10 palabras clave en filosofía política*, Estella (Navarra), Editorial Verbo.

Vallespín, Fernando (ed.) *Historia de la teoría política, 6. La reestructuración contemporánea del pensamiento político*, Madrid, Alianza editorial.

Vargas-Machuca, Ramón (1998), "Partidos políticos", en *10 palabras clave en filosofía política*, Estella (Navarra), Editorial Verbo.

Villota, Paloma de (1998), *Las mujeres y la Ciudadanía en el umbral del siglo XXI*, Madrid, Editorial Complutense.

Walzer, Michael (1993), *Las esferas de la justicia. Una defensa del pluralismo y la igualdad*, México, Fondo de Cultura Económica.

Weber, Max (1922), *Economía y sociedad. Vol. I*, México, Fondo de Cultura Económica.

Weber, Max (1984), *La ética protestante*, Madrid, Sarpe.

Weber, Max (1985), *Ensayos de Sociología contemporánea*, Vol. I, Barcelona, Planeta Agostini.

Wexler, Philip (1983), "Movement, class and education", en L. Barton y S. Walker (eds.), *Race, class, and education*, 17-39. Totowa, NJ: Croom Heim.

Wexler. Philip (1987), *Social analysis of education: After the new sociology*, Londres, Routledge y Kegan Paul.

Woodward, Alison E. (1998), "El Estado y la Ciudadanía ¿Quién constituye el Estado? ¿Qué lugar ocupa la mujer?", en P. de Villota, *Las mujeres y la Ciudadanía en el umbral del siglo XXI*, Madrid, Editorial Complutense.

Zeichner, Kenneth M. (1999), "Contradicciones y tensiones en la profesionalización docente y en la democratización de las escuelas", en A. Pérez Gómez, J. Barquín y J. Angulo (eds.), *Desarrollo profesional del docente. Política, investigación y práctica*, Madrid, Akal.

www.ingramcontent.com/pod-product-compliance
Lightning Source LLC
Chambersburg PA
CBHW022119040426
42450CB00006B/765